PETER SCHNEIDER

W0183227

ENCORE UNE HEURE DE GAGNÉE

Comment un musicien juif survécut aux années du nazisme

Traduit de l'allemand par
NICOLE CASANOVA

Traduit avec le concours du
CENTRE NATIONAL DU LIVRE

BERNARD GRASSET
PARIS

L'édition originale de cet ouvrage a été publiée par Rowohlt en 2001,
sous le titre :

« UND WENN WIR NUR EINE STUNDE GEWINNEN... »
Wie ein jüdischer Musiker die Nazi-Jahre überlebte

Crédits photographiques
14 : Tatjana Gsovsky,
Copyright © Deutsches Theatermuseum/Archiv Ilse Buhs ;
15 : harald Poelchau,
Ullstein Bilderdienst ;
17 : Anne-Lise Harich et Tochter Gisela,
Copyright © Gisela Wittkowski ;
22 : Ellen et Konrad Latte,
Copyright © Sybille Bergemann/Ostkreuz.

© 2001 by Rowohlt - Berlin Verlag GmbH.
© Éditions Grasset & Fasquelle, 2002, pour la traduction française.

Dans une ferme d'Ernsbach, aux environs de Michelstadt, une très jolie petite ville médiévale de l'Odenwald, le paysan Heinrich List recueillit un garçon juif, Ferdinand Strauss. Ce garçon avait réussi on ne sait comment à échapper à la déportation dont toute sa famille fut victime. Il était désormais seul au monde. Le paysan était un honnête homme. Mais une voisine le dénonça, et Heinrich List fut envoyé dans un camp de concentration. Je crois que c'était Dachau. Il y mourut. Les voisins firent comprendre à sa femme, Maria List, qu'elle devait avoir honte de la serviabilité de son mari. Il n'y eut pratiquement personne pour témoigner à la veuve de la compassion ou seulement de la sympathie. Après la guerre non plus, personne ne fit sentir à la voisine qui avait dénoncé Heinrich List qu'elle avait mal agi. La veuve continua à vivre sa vie isolée, sans que quelqu'un rende jamais hommage au sacrifice de son mari. Quarante ans plus tard, trois professeurs du lycée de Michelstadt ont reconstitué cette histoire et l'ont transmise au mémorial israélien de Yad Vachem. Le mémorial voulut honorer Heinrich List et sa femme en plantant un arbre et en leur décernant la médaille des « Justes parmi les Nations ». Mais Mme List refusa ; car la voisine était toujours en vie. Ce fut seulement après la mort de celle-ci que Mme List fut disposée à accepter cet hommage. La population d'Ernsbach était au courant de toute l'affaire. Elle connaissait le sacrifice de M. List. Qu'en est-il de la reconnaissance et du respect qu'aurait dû lui vouer la communauté – non seulement les voisins, mais la nation, qui aurait eu pourtant toutes les raisons d'être fière de ce citoyen-là ? Il n'existe certainement pas de culpabilité collective pesant sur tous les Allemands. Mais parmi eux, beaucoup se sont rendus complices.

Ruth L. David, le 17 août 2000, dans une lettre à propos d'une publication de l'auteur dans le *New York Times*.

Difficulté posée par les « Justes » allemands

La Genèse raconte l'histoire d'une mémorable tractation entre Abraham et Dieu. Le Seigneur veut détruire les villes de Sodome et Gomorrhe, renégates et corrompues, Abraham tente de le détourner de ce projet. Il y a peut-être cinquante justes dans la ville de Sodome, objecte Abraham, tu ne voudras quand même pas les tuer en même temps que les impies ? Le Seigneur est impressionné par l'argument d'Abraham : s'il y en a cinquante, j'épargnerai toute la cité à cause d'eux ! Mais soudain, Abraham est pris d'un doute : pourra-t-il vraiment présenter cinquante justes ? Et s'il en manque cinq, demande-t-il. Le Seigneur n'est pas mesquin : même s'il n'y en a que quarante-cinq, il renoncera au châtiment. Mais Abraham se remet à douter : et s'ils ne sont que quarante ? Il réussit à discuter encore avec le Seigneur, il fait baisser le chiffre de quarante à trente, de trente à vingt. Arrivé à dix, le Seigneur se lasse de ce marchandage et interrompt la négociation. Il envoie deux anges à Sodome pour inspecter la population et fixer le nombre des justes. Il apparaît qu'il n'y en a qu'un seul dans la ville. Le Seigneur attend le lever du soleil, jusqu'à ce que les anges aient conduit l'unique juste et sa famille dans la ville de Çoar. Puis il fait pleuvoir le soufre et le feu du ciel sur Sodome et Gomorrhe.

On peut déplorer que parmi les monuments qui rappellent la persécution et l'extermination des juifs de Berlin, aucun n'ait été érigé en l'honneur des Berlinois, pas si rares, qui sont venus en aide aux persécutés, les ont cachés chez eux et sauvés. Des historiens ont estimé qu'entre cinq et dix mille Juifs allemands ont opté pour la clandestinité, et la moitié environ est restée à Berlin. Parmi eux, à peu près deux mille ont survécu à la terreur nazie. Mais même ceux qui, devenus clandestins, furent trahis, découverts et arrêtés, n'auraient pas pu oser cette tentative s'ils n'avaient pas compté sur des amis et des gens de leur connaissance. « Ces hommes courageux », écrit Inge Deutschkron, elle-même une survivante, « qui ont aidé leurs protégés juifs jusqu'à l'arrestation de ceux-ci, demeureront inconnus. Il ne sera donc jamais possible d'évaluer, ne fût-ce qu'approximativement, le nombre de ceux qui se sont montrés prêts à sauver des juifs. »

Deux mille survivants – en comparaison avec la légion des expulsés et assassinés, c'est un nombre épouvantablement petit. Des quelque cent soixante-dix mille citoyens juifs de Berlin, la moitié réussit à se réfugier à l'étranger, les autres finirent dans les camps d'extermination. Pourtant, si l'on considère combien de fois ceux qui se cachaient devaient changer de logement et à combien d'aides ils devaient avoir recours, il en résulte un tableau différencié. Aucun des clandestins ne put rester longtemps dans *une seule* cache et chez *un seul* protecteur. La plupart se virent forcés, souvent d'une minute à l'autre, de changer d'abri et de se confier à d'autres aides. « Rester au même endroit pendant plus d'un mois, c'était être découvert. En outre, des possibilités de refuge étaient fréquemment anéanties par les bombardements. »

Aux difficultés de logement s'ajoutait le souci quotidien du ravitaillement, des vêtements, des cartes d'identité provisoires ; ces choses-là aussi étaient impossibles à obtenir sans l'aide d'une multitude de soutiens. Wolfgang Benz et Beate Kosmala, qui établissent en ce moment, à l'Institut de recherche sur l'antisémitisme de

Berlin, un fichier sur les « Actions de sauvetage en faveur de citoyens juifs », partent de la règle approximative suivante : pour sauver un juif, six protecteurs au moins étaient nécessaires. Cette estimation semble plutôt modeste. Le professeur Ludwig Collm, qui plongea dans la clandestinité à Berlin, en octobre 1942, avec sa femme Steffy et leur fille de six ans, Susi, énumère dix-huit adresses. Inge Deutschkron et sa mère durent changer vingt fois d'abri, le musicien Konrad Latte, évoquant ceux qui l'ont aidé, cite cinquante noms.

Combien de Berlinois en tout eurent la dignité et le courage de protéger leurs concitoyens juifs des sbires nazis, on ne le saura jamais. Dix mille ? Vingt mille ? Il n'est cependant pas nécessaire de le savoir pour témoigner du respect à cette minorité nullement représentative, mais digne d'admiration.

A peine trois cents d'entre eux ont été honorés de la médaille israélienne des « Justes parmi les Nations ». Dans la ville où ils ont agi, ils sont demeurés largement inconnus. Un étrange scénario, non mentionné dans l'Ancien Testament, se dessine. Comment le Dieu d'Abraham procéderait-il avec une ville qui ignore totalement ses justes ?

Ce n'est pas qu'études historiques et publications spécialisées fassent défaut. Mais jusqu'au film de Spielberg *La Liste de Schindler*, les histoires des sauveteurs – malgré tous les efforts de ceux qu'ils avaient sauvés – n'ont pas pénétré dans la conscience d'un assez large public allemand. L'ouvrage de Daniel Goldhagen sur les sbires volontaires de Hitler a été vendu en Allemagne à plusieurs centaines de milliers d'exemplaires. Le livre de Nathan Stoltzfus *Widerstand des Herzens* (« Résistance du cœur »), récemment paru et fondé sur d'excellentes recherches, consacré aux femmes de la Rosenstrasse qui, au printemps 1943, après avoir manifesté des jours durant, purent faire libérer leurs époux juifs déjà arrêtés, eut juste droit à quelques comptes rendus dans la presse et reste comme du plomb sur les étagères. On dirait que le public allemand ne veut entendre parler que des criminels et ne réserve qu'un haussement d'épaules à leurs rares concitoyens qui ont aidé des juifs : il nous a fallu cinquante ans pour comprendre que nous appartenons au peuple des criminels. Que l'on ne vienne pas maintenant nous brouiller les idées avec cette poignée d'Allemands qui se sont décemment conduits !

Le résultat, c'est que tout adolescent de

quinze ans en sait plus sur Hitler, Goebbels, Eichmann ou Mengele, que par exemple sur l'aumônier des prisons de Tegel et de Plötzensee, Harald Poelchau, qui a protégé des douzaines de persécutés. Comment expliquer cette indifférence ? Les meurtriers sont-ils plus intéressants et – au siècle de l'*infotainment* – tout simplement mieux vendables que les sauveteurs ?

Cet intérêt unilatéral a des raisons tout à fait sérieuses et, à première vue, impératives. En face de la dimension monstrueuse du crime commis envers les juifs, le nombre de ceux qui furent sauvés paraît insignifiant. Après que l'on eut, pendant des décennies, nié et minimisé la culpabilité allemande, il était prioritaire de convaincre les nazis de leurs crimes et de leur demander des comptes. Se préoccuper de rendre hommage à ceux qui barrèrent le chemin au crime, c'était presque automatiquement se voir soupçonné de camoufler ou blanchir le passé – tout à fait dans la tradition de cette formule suspecte d'après la guerre : « Mon meilleur ami était un juif. » Billy Wilder raconte, dans son autobiographie, comment son ami Gottfried Reinhardt, revenu en Allemagne sous l'uniforme américain, s'est moqué de cet alibi d'après la guerre. Les Allemands qui assuraient alors Reinhardt de leur consternation devant la « solution finale », recevaient un choc en l'entendant répliquer : « Manifestement, il y avait trop de juifs ici ! — Trop de juifs ? Que voulez-vous dire, monsieur Reinhardt ? — Chaque Allemand que je rencontre a sauvé deux juifs. Les Allemands formaient un peuple de quatre-vingts millions d'hommes. Si chacun d'eux a sauvé deux juifs, il devait y avoir environ cent soixante millions de juifs. Et vous devrez reconnaître que c'est tout simplement excessif ! »

Derrière la phalange des faux sauveteurs et « amis des juifs », les rares Allemands qui les ont vraiment aidés sont demeurés presque invisibles. Parce qu'ils ne voulaient pas, déjà, rivaliser avec les nombreux menteurs, ils préféraient rester dans l'ombre.

Mais la thèse selon laquelle on pourrait faire un mauvais usage d'une célébration des « héros silencieux » (Inge Deutschkron) et ainsi minimiser la culpabilité allemande, ne résiste pas à une observation plus attentive. En réalité, l'exemple de cette poignée d'hommes n'atténue pas la faute des complices, des délateurs et spectateurs passifs, il l'aggrave. Car il réfute le mythe par lequel la génération de la guerre tente de se justifier : l'appareil de la terreur nazie aurait été si parfait qu'il ne restait d'autre option que l'obéissance – à moins d'être prêt à faire le sacrifice de sa vie. On a écrit des bibliothèques entières sur l'attentat perpétré contre Hitler et sur les hommes du 20 juillet 1944, on a donné leur nom à un jour férié en Allemagne – sans doute aussi parce que leur destin semblait expliquer la défaillance de la société civile allemande : Vous voyez bien ! Qui résistait était pendu ou collé le dos au mur !

Les actions des sauveteurs contredisent cette interprétation. Elles montrent que l'alternative entre l'obéissance complaisante et la résistance jusqu'à la mort est bien trop rudimentaire. Manifestement, on pouvait quand même faire quelque chose sans risquer tout de suite sa vie. C'est justement pour cela que l'exemple de ces « autres Allemands » menace l'autoportrait des complices bien plus efficacement que l'histoire des combattants de la résistance et auteurs d'attentats, qui mirent sciemment leur vie en jeu, et la perdirent, dans leur lutte contre Hitler. L'héroïsme ne se commande pas. Pour glisser un morceau de pain à un homme persécuté et mis au ban, pour lui faire passer la nuit chez soi, lui procurer un logement le lendemain, il fallait de la tenue morale, de la ruse et du courage, mais il n'était pas nécessaire d'être prêt à sacrifier immédiatement sa vie. Même des gestes civils minuscules, apparemment absurdes, comme ceux qu'Ursula von Kardoff a consignés dans ses *Berliner Aufzeichnungen 1944-1945* (« Cahiers berlinois 1944-1945 »), provoquaient un court-circuit de quelques secondes dans le système de la folie raciste et signifiaient pour les persécutés un instant de dignité humaine reconquise : « Je crois que le peuple se comporte plus décemment que les prétendus gens cultivés ou semi-cultivés. L'histoire de l'ouvrier qui dans un tramway céda sa place à une juive portant l'étoile, est typique : "Assieds-toi là, vieille étoile filante", lui dit-il, et comme un PG (*Parteigenosse*, membre du parti) protestait, l'ouvrier répliqua : "Je dispose de mon cul comme je veux." »

Ainsi les figures de ceux qui se sont bien conduits dérangent-elles l'image de la vie quotidienne sous la croix gammée. L'histoire racontée dans ce livre ne peut pas rivaliser avec l'offre séductrice adressée par Daniel Goldhagen aux jeunes Allemands : « Donnez-moi vos grands-pères (dont la plupart étaient des meurtriers potentiels animés d'un antisémitisme visant à l'extermination !) et en échange je vous donnerai l'innocence, parce que vous êtes jeunes et que vous avez grandi dans une démocratie pluraliste ! » Car l'histoire de Konrad Latte montre que personne n'est coupable ou innocent par sa seule appartenance à une génération. Même pendant les années de la pire terreur nationale, il y avait place pour un choix, et il y eut des citoyens qui utilisèrent leur espace de liberté.

Se taire ou parler ?

Lors de ma première visite à Konrad et Ellen Latte dans leur maison de Berlin-Wannsee, je fus surpris par l'environnement où ils vivaient. Rien n'indiquait que ces deux êtres avaient derrière eux une vie radicalement différente de celle de leurs voisins, qui avaient bâti ici leurs pavillons pour une famille ou leurs bungalows. Quand j'eus appuyé sur la sonnette de l'entrée, la grille du jardin, actionnée électroniquement, s'ouvrit. Devant la maison, une femme aux cheveux blancs me souhaita la bienvenue ; un peu derrière elle, à la porte du bungalow, se tenait son mari. Dès que nous fûmes réunis autour du thé, Konrad Latte déploya son charme et son humour d'artiste. Il parlait vite, parfois hâtivement, comme s'il n'attachait pas d'importance particulière à être compris. Mais à l'écouter avec attention, on était captivé, voire ensorcelé par la fraîcheur et l'esprit de ses formulations, par la vivacité de ses yeux.

Lorsqu'un homme de quatre-vingts ans raconte sa vie, on peut supposer qu'il a déjà fait cela maintes fois. Surtout quand il s'agit d'un conteur comme Konrad Latte, qui sait parler avec une grande exactitude dans les détails et un plaisir visible à poser des accents. En réalité, pourtant, Konrad Latte a gardé pour lui la plus grande partie de son histoire, des décennies durant. Et à présent aussi, alors qu'il s'était décidé à la révéler, on eût dit parfois qu'il était toujours accablé par le poids de ce qu'il avait vécu. Il me fallut un moment pour comprendre que l'octogénaire ne tirait aucun orgueil de ce jeune Konrad dont il me racontait le combat presque incroyable qu'il avait dû livrer pour sa survie. Peut-être même se querellait-il avec lui. Dans sa voix, aucune trace de triomphe a posteriori, ni même de satisfaction. Il évoquait plutôt avec tristesse et douleur les mascarades, les mensonges de circonstance et les actes désespérés du jeune homme qu'il avait été, les sauts et les tournants imprévisibles de sa vie dans la clandestinité berlinoise. L'homme qui parlait ici ne briguait nullement de tardifs applaudissements pour son combat victorieux. On eût presque dit qu'il ne s'était pas encore résigné à avoir survécu.

L'octogénaire éprouva aussi quelque peine à expliquer le long silence qu'il avait gardé sur son odyssée dans la clandestinité. « Le prix à payer lorsqu'on a survécu, c'est que l'on ne peut plus vivre une heure sans que l'Holocauste vous soit rappelé d'une manière ou d'une autre. »

En 1945, dit-il, quand ce fut fini, les scènes du temps où il était persécuté hantèrent ses rêves presque toutes les nuits, il ne s'en était pas délivré, d'autant plus que pendant longtemps il ignora ce qu'étaient devenus ses parents. Les premières années, il n'avait pu supporter le souvenir de cette vie dans l'illégalité qu'en pensant au suicide. Il était écrasé par le sentiment d'un terrible échec. Car il n'avait pu sauver que lui-même, mais pas ses parents. La honte, pis encore, la conviction d'être coupable envers ses parents, ne l'ont jamais quitté.

Konrad Latte se rendit chez un psychiatre pour évacuer son tourment en parlant. Le médecin n'avait aucune idée du sort réservé aux Juifs allemands pendant le nazisme ; toutefois, il écouta son client avec patience. Qu'un survivant comme Konrad fût victime de graves dépressions et poursuivi par des sentiments de culpabilité justement parce qu'il avait survécu, cela demeura une énigme pour le médecin – cette « réaction » n'était alors pas connue, et moins encore nommée et étudiée.

Quelque temps après, Konrad tourna le dos

à son médecin. « J'avais le sentiment de le payer fort cher pour lui faire passer une heure captivante. » Il tint ses expériences cachées au monde extérieur. Même à sa fille, il n'a parlé que bien plus tard de ce qu'il avait vécu. A quel moment précis et avec quels mots, demande l'octogénaire, un père peut-il expliquer à ses enfants que leurs grands-parents ont été assassinés à Auschwitz et que le même destin était réservé à leur père ?

Un jour, le 9 novembre 1958, Gabriele, alors âgée de treize ans, a demandé en revenant à la maison s'il était réellement vrai qu'il n'y avait plus de juifs en Allemagne. Elle avait entendu parler à l'école, pour la première fois, de cet assassinat perpétré sur des millions d'hommes. Alors Konrad rompit son silence et déclara à sa fille : « Tu en as un ici devant toi. » Mais même alors, il n'a pas dévoilé tous les détails à Gabriele ; elle lui semblait trop jeune pour cela.

Dans la cave de la maison, il y avait une commode pleine de lettres et de documents. Il faudra un jour examiner tout ce fatras, se disaient parfois Konrad et Ellen. Pendant des décennies, le meuble demeura intact. Gabriele était adulte depuis longtemps quand elle souleva le couvercle. Pendant deux ans environ, elle s'occupa à trier et classer les papiers de famille et à en dresser la liste. Mais le temps qu'il lui fallut pour comprendre ce qui était arrivé à son père et à la famille de celui-ci ne peut s'évaluer en années civiles.

« Les aryens, levez la main ! »

Le jeune Konrad n'était en rien préparé à une vie dans l'illégalité, qui oblige à des feintes et à des décisions rapides comme l'éclair. Il n'était rien moins qu'un risque-tout. Sa mère, dans ses lettres à son amie Raja, exprimait à maintes reprises les inquiétudes que lui causaient la santé éternellement chancelante de Konrad et sa « nature trop tendre », rêveuse. Karin Friedrich, témoin des années berlinoises, décrit dans ses souvenirs *Zeitfunken* (« Étincelles du temps ») ce jeune homme de vingt ans comme « très poli, très timide. Avec des yeux bleus d'une beauté déconcertante, cernés d'ombre ».

Konrad grandit dans une famille de Breslau passionnée de lecture et de musique. Sa mère, Margarete, imprimait à la maison un caractère ouvert, bourgeois ; une cuisinière, une femme de chambre et une bonne d'enfants veillaient au bien-être de la famille et des invités. Son père,

Manfred, juriste, dirigeait une entreprise de textiles. Il avait combattu comme volontaire pendant la Première Guerre mondiale et se sentait allemand corps et âme. Les dimanches, se rappelle Konrad, n'étaient pas seulement des jours où l'on ne travaillait pas, ils avaient quelque chose de solennel. Konrad jouait du piano, sa sœur Gabi du violon, Manfred, le père, pratiquait les deux instruments. Ensemble, on chantait des *Lieder* de Schubert, Schumann, Brahms et Hugo Wolf; ensemble, on lisait des classiques allemands, et aussi Wölfflin[1], Thomas Mann, Rilke, et parfois la Bible. Ou bien le père accompagnait au violon l'« oncle » Ernst, invité permanent dans la maison des Latte, et Konrad tournait les pages de la partition. L'« oncle » Ernst, conservateur d'un musée de Breslau et auteur d'une monographie sur un maître inconnu du baroque religieux silésien, était un grand générateur d'idées, un charmeur qui adorait les femmes et les enfants. On savait qu'il se préparait soigneusement à ses apparitions dominicales. Pendant des heures, le célibataire pouvait improviser, à la table de la famille affamée de culture, sur Dieu et le

1. Historien de l'art, de nationalité suisse (1864-1945). (Les notes en bas de page sont de la traductrice.)

monde, et en récompense les dames de la maison le nourrissaient et l'entouraient de leur sollicitude. Même sa sieste, il avait l'habitude de la faire chez les Latte.

Anita, la belle et très courtisée amie de Gabi, fille du Dr Alfons Lasker, un célèbre avocat de Breslau, venait fréquemment avec son violoncelle pour jouer en trio. C'était cependant la mère de Konrad qui régissait cette maison avide de musique et de littérature ; elle maintenait la cohésion du cercle d'amis, établissait le programme culturel des dimanches, décidait des titres qui seraient lus – elle citait souvent et par cœur Goethe et Rilke dans ses longues lettres à son amie Raja. Les vastes lectures de Konrad et son penchant pour la littérature sont certainement dus à l'influence de sa mère – aujourd'hui encore, il sait par cœur des pages entières de ses écrivains favoris et il s'amuse à glisser dans ses paroles tel ou tel de leurs « mots ailés[1] ».

La famille a opiniâtrement défendu, jusqu'à la fin, le mobilier culturel de la maison – ins-

---

1. Allusion au *Geflügelte Worte* (littéralement : « Mots ailés »). *Der Citatenschatz des deutschen Volkes* : titre d'un dictionnaire de citations et de sentences devenues d'usage courant, par Georg Buchmann (1822-1884), première édition 1864.

truments de musique, livres, partitions – contre la mainmise des barbares nazis. Quand leur logement fut confisqué et qu'ils durent déménager trois fois de suite, les Latte emportèrent avec eux ces emblèmes d'une culture bourgeoise ; et la plupart de leurs amis juifs firent comme eux lorsqu'on les expulsait de leurs maisons et appartements. A la fin, il ne restait plus aux bannis que le bagage qu'ils avaient le droit d'emporter au centre de rassemblement. Ils confiaient alors ces trésors à la garde d'amis « aryens » – que l'on appelait des *Aufbewahrier*[1]. On eût dit qu'ils voulaient sauver de l'anéantissement la culture allemande que les *Volksgenossen*[2] foulaient depuis longtemps aux pieds.

Que sa famille était juive, et la signification de cet adjectif sous le IIIe Reich, le jeune Konrad ne l'apprit pas de ses parents, mais – pour ainsi dire à la suite d'une méprise – au lycée de Breslau.

Le nouveau professeur salua les élèves de cinquième par un *Heil Hitler* accompagné du salut hitlérien. Ensuite, il planta un regard per-

---

1. Mot formé de *aufbewahren*, « garder, conserver », et de *Arier*, « aryen ».

2. Terminologie nazie, membre de la *Volksgemeinschaft*, de la « communauté populaire ». En étaient exclus notamment les juifs.

çant dans les yeux des garçons et commanda : « Les aryens, levez la main ! »

Konrad n'avait jamais entendu le mot « aryen ». Il savait vaguement qu'il existait une différence entre lui et d'autres enfants, un signe invisible qui avait quelque chose à voir avec la religion de ses grands-parents ou arrière-grands-parents. Dans sa vie, jusqu'à présent, cette particularité n'avait joué aucun rôle. Pourtant, c'était bien cela que le nouveau maître semblait avoir visé en posant cette question. Instinctivement, Konrad leva la main – pensant que ce mot étranger et jamais entendu désignait tout juste ce qu'il y avait de différent en lui. Quand il se retourna, il vit que presque tous les autres élèves avaient eux aussi levé la main. Quelques-uns chuchotaient, d'autres riaient. A cet instant, il comprit qu'il avait dû se tromper. Son erreur fut promptement interprétée comme une tentative de fraude et punie d'une gifle retentissante. Konrad dut quitter l'école des « aryens » et fut transféré dans l'école juive au 8, Am Anger.

L'enfant de onze ans ressentit ce « transfert » comme une punition. Il entra dans un monde qu'il ne connaissait pas. Ses parents, explique aujourd'hui Konrad, n'avaient aucun rapport avec le judaïsme. Lui et sa sœur, ils n'avaient pas été élevés autrement que les autres enfants allemands. A Noël, les Latte allaient à l'église et chantaient des chants de Noël, à Pâques on se rendait dans la cathédrale gothique, célèbre pour la splendeur de ses offices pendant la semaine sainte ; et pour finir les enfants partaient à la chasse aux œufs de Pâques. La sœur de Konrad, Gabi, plus jeune de deux ans, ne parvint pas elle non plus à s'accommoder de ce transfert. Dans une lettre à l'amie de la famille, Raja, elle se plaignit de devoir fréquenter maintenant une école juive et faire partie d'une association sioniste, « et pourtant je préférerais de beaucoup fêter Noël, et la religion chrétienne me paraît bien plus belle ».

Konrad ne connaissait pas les jours de fête et le calendrier juifs, ni non plus les règles de la nourriture casher. Soudain il vit ses camarades de classe arriver à l'école avec des kippas rondes sur la tête ; pour la première fois, il suivit des cours d'histoire juive. Là, il entendit parler de penseurs comme Moïse ben Maimon, ou Maïmonide, dit « Rambam », et de ses treize articles de foi. Tout cela lui était foncièrement étranger, et il ne se sentait pas non plus accepté par ses camarades de classe. Konrad réagit à ce changement brutal par une dérobade presque totale et de fréquentes absences. Hormis en allemand et en musique, ses résultats scolaires baissèrent dangereusement. Dans une lettre, la mère de Konrad se plaint de la « parfaite indifférence » que l'enfant manifeste « envers toutes les questions concernant l'avenir ».

Konrad ne se sentait pas bien dans la communauté qu'on lui assignait, et cela ne changea pas quand il fut mieux familiarisé avec l'histoire et la culture juives. Quand il apprit son appartenance, le mot « juif » était déjà devenu un signe d'infamie, un motif d'exclusion et de bannissement. Le fait que les nazis lui imposèrent son identité juive, qu'ils furent les premiers à faire de lui un juif, a marqué son rapport au judaïsme.

Des décennies plus tard, quand il raconta son histoire à la télévision israélienne, Konrad Latte stupéfia son interlocuteur en faisant cette déclaration : « Je ne me sens pas juif, je n'ai aucune espèce de contact avec la communauté juive, mais pas davantage avec une autre communauté. » Et comme le journaliste lui demandait : « Mais vous avez pourtant connu le destin juif sous sa forme la plus terrible... », Konrad répliqua : « Il est inconcevable que les nazis aient raison. Je ne peux donc pas me laisser dicter par les nazis : tu es juif, ta place est dans ce coin, dans ce tiroir... »

L'école de la survie

Adolescent, Konrad vit les juifs de Breslau dégringoler toute l'échelle de l'exclusion, pas à pas, grâce à d'indicibles « prescriptions » et « lois ». On exigea que les juifs remettent tous leurs bijoux et objets de valeur, se désistent de leur téléphone et de leur radio, n'aillent faire leurs courses qu'à des heures fixées. Les juifs n'avaient plus le droit d'aller à l'opéra, au théâtre et au concert, les juifs ne pouvaient plus aller chez le coiffeur, ils ne devaient plus acheter de fleurs ni de savon, il leur était interdit d'emprunter le tramway et de s'asseoir sur les bancs dans les parcs. Ils ne furent même plus autorisés à garder leurs animaux familiers ; ils furent forcés de donner leurs chats et leurs chiens ou de les tuer.

Après la prise du pouvoir par Hitler, Manfred Latte s'était associé, dans le commerce de textile en gros qu'il avait repris de son beau-père, avec deux « aryens » choisis dans ses relations d'affaires, afin de protéger l'entreprise de toute « aryanisation ». Les deux « amis » comprirent bientôt où était leur avantage. En alléguant un motif inventé de toutes pièces, ils accusèrent le père de Konrad de malversation et le forcèrent, en 1936, à quitter la direction des affaires. Le juriste ne voulait pas comprendre que l'État allemand, en lequel il avait cru et qu'il avait servi comme volontaire pendant la Première Guerre mondiale, était tombé dans les mains de criminels. Il essaya sans succès d'intenter un procès à ses deux associés et de faire valoir son droit devant les tribunaux.

Après la guerre, Konrad découvrit en RDA, à Luckau, l'un de ces habiles associés, un certain Morawa. Celui-ci répondit sommairement aux questions que lui posa Konrad sur la manière dont son père avait été évincé ; il dit que « l'appropriation de la firme » avait été effectuée « selon des processus totalement réglementaires » et conclut en déclarant que maintenant, tout cela était passé. « Saluez votre père de ma part, je vous prie. » Ainsi s'achevait sa lettre.

Le père de Konrad chercha désespérément à maintenir sa famille à flot en travaillant comme représentant. Toute la journée, il parcourait Breslau à pied, portant deux lourdes boîtes à échantillons de textiles ; le soir, il rentrait à la maison complètement épuisé. A peine avait-il déposé ses valises qu'il donnait à Konrad des leçons de rattrapage. Ensuite il lui dictait des expertises et des lettres dont ses anciens associés le chargeaient. Konrad avait pour tâche de porter les lettres le plus vite possible, le soir même, à la poste.

Après le dîner, la famille feuilletait un atlas et se demandait dans quel pays on pourrait fuir. L'idée d'émigrer répugnait déjà à la mère de Konrad. Elle tenait aux amis qu'elle avait gardés, aux meubles qui lui restaient, à la musique et à la culture allemandes. Il n'en allait pas autrement du père. Mais ils ne se faisaient pas d'illusions. A tous, il était clair qu'ils devaient tenter de s'échapper de l'Allemagne nazie. Mais dans quel pays fuir : l'Uruguay, où des frères et sœurs de la mère avaient trouvé refuge ? Le Mexique, l'Equateur, le Chili ? Seule, une poignée de pays s'étaient déclarés prêts à recevoir les juifs évadés de l'Allemagne nazie. Et chaque pays posait aux émigrants des conditions qui, en tout cas pour les Latte, étaient irréalisables. Le Chili, par exemple, n'acceptait plus, en 1939, « pour cause de surcharge », que cinquante familles venues d'Allemagne, et il leur fallait remplir les conditions suivantes : les émigrants devaient avoir moins de quarante-cinq ans, avoir beaucoup d'enfants et être capables de fonder une entreprise industrielle. Restaient l'Australie ou la Chine. Mais qu'est-ce qu'un juriste allemand ferait de ses connaissances à Shanghai ? Manfred Latte devrait accepter n'importe quel travail non qualifié, où l'on se débrouillait en parlant la langue des signes. Malgré ces minces perspectives, le père de Konrad envoya à différentes ambassades des lettres et des requêtes dans lesquelles cet homme à la santé délabrée se déclarait prêt à effectuer « même des travaux physiquement très pénibles ».

Le jeune Konrad observait les efforts et la santé déclinante de son père avec lucidité et épouvante. Dans l'ensemble, toutefois, il procédait autrement que ses parents avec les « dispositions » et « lois » des nazis. Il se glissait sous leur ligne de tir, aussi bien qu'il le pouvait.

Il ne portait pas, comme c'était obligatoire, l'étoile juive cousue solidement à sa veste ou à son manteau, mais il la fixait avec une épingle, si bien qu'il pouvait à tout moment l'ôter ou la remettre. Il allait au concert, à l'opéra, au service religieux, toutes choses dont l'accès était désormais interdit aux juifs. A chacun de ces coups d'audace, il courait des risques, venus non seulement des gardiens fonctionnarisés du nouvel ordre national-socialiste, mais aussi des innombrables voisins-policiers « volontaires », soudain persuadés que la mission de leur vie était de surveiller et de dénoncer un individu comme Konrad.

Malgré l'abaissement constant de leurs conditions de vie, les parents de Konrad réussirent à envoyer leur fils à Berlin pour des séjours d'études plus ou moins longs. Lors de ce que l'on a appelé la Nuit de Cristal, le 9 novembre 1938, Konrad était dans la capitale – il devait prendre une leçon avec l'organiste de la synagogue de la Prinzregentenstrasse. Mais M. Baer lui téléphona pour se décommander et lui demanda s'il n'avait donc pas remarqué ce qui se passait dans la ville. Le jour même, Konrad revint à Breslau.

De retour chez lui, il apprit que la Gestapo était venue chercher son père et l'avait emmené à Buchenwald. Sa mère le persuada de se faire engager immédiatement comme infirmier bénévole à l'hôpital juif, pour disparaître un moment et ne pas rester à la portée des griffes de la Gestapo.

Le temps qu'il passa dans l'hôpital juif fut pour Konrad l'une de ses pires expériences. Il dut voir, impuissant, la Gestapo arracher à leur lit des patients gravement malades ou récemment opérés et, en une heure, les charger sur des camions et les emmener. Chaque jour, on hospitalisait des citoyens juifs désespérés qui avaient tenté de prévenir la déportation par le suicide. Comme il manquait partout de personnel spécialisé, l'infirmier novice dut assister à des opérations, faire des gardes de nuit, descendre des cadavres à la cave. Dans les cahiers qu'il tint immédiatement après la guerre, Konrad Latte avait évoqué quelques scènes : « Peu de temps après, de nouveau l'ambulance. Cette fois elle amenait six personnes à la fois – rien que des suicidés. Je connais ces gens. Les deux dames, la mère et la fille, sont des Russes. La fille est l'épouse d'un peintre connu qui a émigré il y a peu, elle-même est historienne d'art. Les quatre autres, les parents et leurs enfants, sont de bons amis à nous. Je suis allé à l'école avec les enfants, et nos grands-parents déjà se connaissaient. Maintenant je suis là devant eux et j'entends leur souffle qui devient de plus en plus faible. Marianne est un peu plus jeune que moi, quel être joyeux elle a été ! Combien de temps encore vivra-t-elle ? Une heure ? Deux ? – Je regarde autour de moi. Deux jeunes infirmières sont encore là, et le fils du concierge, dix-sept ans. Ils se sont mis tous les trois à faire des plaisanteries. Ils pincent les jambes des mourants et les traitent avec une nonchalance accentuée. Et maintenant le garçon tire réellement un harmonica de sa poche et commence à jouer une rengaine à la mode. Les deux infirmières font chorus avec enthousiasme ; peut-être deviendraient-elles folles sans cela... C'est comme en enfer. »

Six semaines après son arrestation, le père de Konrad fut de nouveau relâché, sans plus de motif que lorsqu'il avait été arrêté.

Quand Manfred Latte frappa à la fenêtre de leur rez-de-chaussée, à Breslau, il faisait nuit. La sœur de Konrad, Gabi, alors âgée de treize ans, était couchée avec une forte grippe et entendit frapper la première. Dès qu'elle eut reconnu la voix de son père, elle se précipita dehors en chemise. Peu après, on s'aperçut que l'enfant, de toute façon affaiblie, avait contracté en embrassant son père une maladie qu'il avait rapportée sans le savoir de sa détention à Buchenwald : la scarlatine. La sœur de Konrad mourut en quelques jours.

Manfred Latte recouvra des forces, mais la maladie de sa fille ne lui laissa pas le temps de raconter à Konrad et Margarete les horreurs et les humiliations qu'il avait subies lors de son séjour en camp de concentration. Toutes les inquiétudes de la famille se concentraient sur l'enfant mourante ; personne ne trouva l'énergie de donner au père revenu de Buchenwald l'attention dont il avait besoin. Ce que Manfred Latte avait vécu là-bas, il le garda pour lui. A peine fut-il quelque peu rétabli qu'il se remit en chemin avec ses valises. Dans les lettres de la mère de Konrad à son amie Raja, revient comme un refrain, quand elle parle de son mari, cette phrase : « Il travaille le dimanche comme en semaine. » Konrad remarque dans une lettre que le jeu de son père au piano devient de plus en plus faible parce qu'il n'a plus le temps de s'exercer. Après la mort de sa fille, il ne reprit que son violon, qu'il n'avait plus touché depuis longtemps. Gabi avait joué pour la dernière fois sur ce violon.

Au début de 1941, l'appartement des Latte fut confisqué, la famille dut déménager dans un bâtiment du cimetière juif. Le bâtiment de l'administration comprenait deux appartements. Les Latte partagèrent l'étage supérieur avec deux dames juives. Au rez-de-chaussée habitait la famille Köhler. M. Köhler, homme d'un certain âge avec un visage pincé et de grosses lunettes, avait servi pendant des décennies comme jardinier du cimetière de la communauté juive. Quand les nazis prirent le pouvoir, la communauté dut le congédier : aux yeux des nouveaux maîtres, il n'était pas acceptable qu'un aryen arrose des plantes et sarcle la mauvaise herbe pour des juifs. Après la perte de son travail, M. Köhler craignit pour son logement dans la maison de l'administration – même un *ancien* employé d'un patron juif portait encore une tare. Pour se mettre en bons termes avec le parti, il s'était proposé comme mouchard. Le parti avait accepté ses services, à charge de prouver ses capacités, et M. Köhler et sa femme firent rapidement assaut de vigilance.

Chaque fois que Konrad sortait de la maison, M. Köhler le suivait avec sa bicyclette. Dès qu'il avait rattrapé Konrad, il fixait ostensiblement des yeux sa poitrine et faisait demi-tour. Naturellement, Konrad savait ce que cherchait le regard de l'espion : l'étoile juive, et il savait aussi comment il pouvait le leurrer. En été, Konrad sortait de la maison avec l'étoile sur la poitrine, mais il portait sur le bras un imperméable sans étoile qu'il revêtait dès qu'il était hors de la vue de M. Köhler. En hiver, il fixait l'« emblème de souveraineté de sa nation », comme il l'appelait, à son manteau, et l'ôtait dès qu'il se sentait en sûreté.

Un après-midi, l'heure des Köhler sonna enfin. Konrad dut se rendre rapidement à un rendez-vous dans la ville. Il s'était d'abord assuré que son surveillant n'était pas à la maison, aussi ne se méfiait-il pas particulièrement. Il sortit sans son étoile, et il attendit le tramway au coin de la rue. Soudain, il vit Mme Köhler sur le trottoir d'en face. Elle l'avait remarqué depuis longtemps et fixait des yeux, fascinée, la poitrine sans étoile de Konrad. Malgré la distance, il eut l'impression de lire le triomphe dans les yeux de la femme. Déjà, elle faisait signe d'approcher à un *Schupo*, un agent de police, qui se trouvait dans les parages comme par un fait exprès, et elle commençait à lui parler. Konrad feignit de ne rien remarquer ; lentement, il s'écarta de la station, mais il n'alla pas loin. Le *Schupo* avait hâté le pas derrière lui et l'appelait.

« Hé, vous... Puis-je voir vos papiers ? »

Konrad lui tendit sa carte d'identité où un grand J était appliqué au tampon. Où avait-il donc laissé son étoile, demanda le *Schupo*. Il l'avait stupidement oubliée, répliqua Konrad, et il lui tourna le dos en disant qu'il allait immédiatement rentrer chez lui pour la chercher. Mais le *Schupo* ne le laissa pas s'en tirer aussi facilement.

« Je dois malheureusement verbaliser », fit-il savoir à Konrad, « on vient juste de vous dénoncer ! » – « Ne pourrait-on pas régler cela une autre fois, demanda Konrad aussi innocemment que possible, il peut bien vous arriver d'oublier des choses... »

Le *Schupo* fit un signe négatif de la tête. Konrad sentit que le fonctionnaire l'aurait laissé filer, si ses gestes n'étaient pas observés par les regards soupçonneux de la délatrice. Mme Köhler n'hésiterait pas à porter plainte même contre un *Schupo*. Konrad eut droit à un procès-verbal et un avertissement de la police pour avoir été rencontré « sans étoile juive ».

Le cœur lourd, il raconta le soir sa malchance à ses parents. Son père lui fit de violents reproches ; l'étourderie de Konrad pouvait lui « coûter la tête », et non seulement à lui mais à toute la famille. Konrad jura d'être plus prudent à l'avenir.

Mais il continua ses échappées dans la ville. Il voulait devenir musicien et était fermement décidé à ne pas se laisser détourner de ce but par les nazis. Comme on ne pouvait attendre aucune réponse aux demandes et candidatures adressées par un élève juif, il devait chercher à joindre ses professeurs par un autre chemin. Le moyen auquel pensa Konrad fut de se présenter sans avertir – on peut appeler cela aussi : l'attaque par surprise. Ainsi gravit-il la tribune de l'orgue, dans l'Elisabethkirche ; il se présenta au célèbre organiste de Breslau Johannes Piersig et le pria de le laisser jouer quelque chose. Le maître sembla impressionné et prêt à accepter le jeune homme parmi ses élèves. Konrad fut tellement bouleversé par son succès qu'il oublia toute prudence. Piersig, se dit-il, était un artiste, un homme libre ; il écoutait Buxtehude, Bach et Haendel, non les instructions d'un parti. Avec franchise, Konrad lui dit qu'il était juif. « Je ne vous ai rien demandé ! Venez au cours vendredi à deux heures ! »

Quand Konrad arriva devant l'église à l'heure dite, le bâtiment était fermé. Devant la porte de l'église l'attendait, au lieu de son professeur, une vieille femme que Konrad ne connaissait pas. Elle semblait avoir froid, elle tremblait. Son fils était malheureusement empêché aujourd'hui, chuchota-t-elle à Konrad, et elle poursuivit d'une voix suppliante : « Et je vous en prie, épargnez-lui à l'avenir des demandes aussi insensées ! »

Konrad ne comprenait pas bien ce qu'il avait fait au fils de cette femme, moins encore pourquoi le fils, qui finalement n'était plus un jeune homme, n'était pas venu lui-même pour décommander la leçon. Soudain la mère de Piersig lui glissa quelque chose dans la main et le quitta. Déconcerté, Konrad regarda le morceau de papier froissé comme si l'on pouvait y lire une explication du maître. Mais ce qu'il tenait dans la main n'était qu'un billet usé de vingt marks.

Il refusa d'accepter la « rançon ». Lors du service religieux suivant, il jeta le billet – au son des orgues de Piersig – dans la corbeille de la quête.

De telles expériences et d'autres semblables contraignirent Konrad à fréquenter une nouvelle école, invisible, celle-là : l'école de la survie. Là, il n'y avait pas de cursus, pas de camarades de classe ni non plus de professeurs, mais une seule matière et un seul devoir : estimer avec justesse hommes et situations en quelques secondes, percevoir les dangers à temps, prendre des décisions en un éclair – celui qui faisait une faute pouvait la payer de sa vie. Dans cette école, Konrad dut apprendre deux choses : se méfier des hommes, mais aussi leur faire confiance, la faculté de se dissimuler, en même temps que celle de se dévoiler sans réserve. Pour savoir comment se comporter envers qui, il n'y avait pas de recette.

Il partait aussi souvent que possible pour

Berlin, parfois en compagnie de son père, mais la plupart du temps tout seul ; là, entre autres, il suivait des cours de piano et de direction d'orchestre à l'école juive de musique Landsberg-Holänder, dans la Sybelstrasse. L'école disposait de brillants professeurs, presque sans exception des musiciens juifs chassés des grands orchestres et opéras de Berlin, qui cherchaient dans cette école un ultime moyen de gagner leur vie. Parfois, il prenait aussi des leçons particulières chez le chef d'orchestre de l'association culturelle juive, Rudolf Schwarz.

Pendant ce temps, des cartes postales arrivaient chez les juifs de Breslau. On faisait savoir aux destinataires qu'ils devraient se présenter au jour fixé dans la « Salle des Amis » de la communauté juive – ils avaient le droit d'emporter vingt livres de bagages et de la nourriture pour trois jours. Parmi le premier millier d'hommes ainsi concernés, la plupart obéirent, la Gestapo vint chercher les autres. Personne ne savait selon quels critères ces familles avaient été choisies. Ceux qui n'avaient pas reçu de carte postale demeuraient dans une attente impuissante. « La plupart », nota Konrad dans ses cahiers, « réagissent avec un fatalisme apathique qui m'est incompréhensible. Il faut quand même essayer au moins de se sauver. »

A propos de ce qu'il convenait de faire si les Latte recevaient eux aussi une de ces cartes postales, une querelle éclata entre le père et le fils. Konrad ne laissa planer aucun doute sur son attitude. « Il ne faut pas y aller », déclara-t-il. « Toujours une heure de gagnée. »

« Donc, on n'y va pas, répéta son père, et ensuite ? »

Il fallait fuir, répliqua Konrad, plonger dans la clandestinité. Cette guerre ne peut pas durer éternellement ! Son père était d'un tout autre avis. Il jugeait insurmontables les difficultés posées par une existence de plusieurs années dans l'illégalité.

« En tant que juriste prussien », commente aujourd'hui le Konrad octogénaire, « mon père ne pouvait tout simplement pas imaginer ne pas obéir à une injonction de l'État. »

Comment donc voulait-il vivre pendant des mois, peut-être des années, sans cartes d'alimentation, lui demanda son père. — Il fallait se les procurer au marché noir ! — Et comment les payer, avec quel argent ? — On trouverait un travail sous le manteau ! — Et où habiter, comment Konrad se représentait-il cela ? — On avait bien assez d'amis !

Konrad se figurait-il réellement que quelqu'un recevrait chez soi pendant des mois des juifs clandestins ?

Le père s'impatientait. Il n'avait pas besoin d'expliquer à Konrad combien de fois il avait lui-même réfléchi à tout cela. C'était absurde, les difficultés étaient trop grandes.

Alors, la mère de Konrad intervint. Elle n'était pas du tout d'accord avec la conclusion résignée de son mari. Qu'avait-on à perdre, demanda-t-elle. Ils devaient au moins essayer de s'enfuir !

Manfred Latte lui fit une réponse qui est restée gravée dans la mémoire de son fils, en grande partie parce que, après ce qu'avaient vu et appris les survivants, elle apparaît comme tragiquement fausse. Les perspectives de survivre au camp, pensait le père de Konrad, étaient toujours plus grandes que « dans une vie à la Karl May[1] » comme celle que Konrad proposait.

Konrad le contredisait, bien qu'il n'eût pas de meilleures raisons à donner. Il ne savait pas ce qui arrivait en réalité aux juifs qui se ren-

1. Karl May (1842-1912) : auteur de romans de voyages et d'aventures, surtout d'Indiens, très prisés par la jeunesse.

daient au centre de rassemblement et étaient déportés vers l'est. Il savait seulement que de tous ceux qui avaient obéi à cette sommation, personne n'était jamais revenu.

« Quoi que vous décidiez », dit Konrad, « moi, je n'irai pas ! »

Il était lui-même surpris de sa résolution. Le système de persécution des nazis était tellement dépourvu de lacunes, qu'après évaluation lucide de toutes les circonstances, une évasion semblait impossible. En vérité, il n'avait rien à opposer à son père, hormis son opiniâtreté et son espoir de déceler une faille quelconque dans le système. Même les nazis, Konrad pariait là-dessus, ne peuvent tout prévoir. Et si cela tournait mal, on avait au moins abrégé le séjour dans le camp de quelques heures ou de quelques semaines.

Un représentant de la race des seigneurs en visite

A l'automne 1941, Konrad fut convoqué à l'Agence pour l'emploi et envoyé comme manœuvre dans la fabrique de colorants Willi Damann. A part lui, la fabrique comprenait encore sept ouvriers, qui saluèrent leur collègue juif sans animosité. Quand la pause du petit déjeuner sonna et que Konrad se rendit avec les autres dans la salle commune, le contremaître lui expliqua toutefois que le local où il prendrait son petit déjeuner se trouvait à côté. Konrad fut stupéfait de voir la peine que l'usine avait prise pour l'unique juif de son personnel : il avait le « privilège », pour le petit déjeuner et les autres pauses des repas, de manger seul dans une pièce à part.

Au travail aussi, Konrad eut bientôt à sentir, entre lui et les « aryens », la différence à laquelle il s'était heurté pour la première fois au lycée. Il dut porter des sacs lourds et apprit que l'on ne pouvait pas lui verser le salaire de son travail : l'argent était porté sur un compte bloqué auquel Konrad n'avait pas accès. Ses collègues touchaient tous des primes pour travaux pénibles, même ceux qui n'avaient pas de lourdes charges à tirer. Konrad, dans son « cabinet séparé », recevait une nourriture réduite. Certes, les autres ouvriers lui témoignaient plutôt de la camaraderie que de l'hostilité ; mais ils ne se rebiffaient jamais contre le traitement réservé à leur collègue juif.

Entre-temps, la plupart des juifs de Breslau avaient reçu leur carte postale. Mme Eliasberg, elle aussi, qui avait une chambre à côté des Latte, avait été emmenée par la Gestapo. La famille Latte n'en finissait plus de peser le pour et le contre. Le père de Konrad avait raison, on ne pouvait envisager aucun plan de fuite, ne fût-ce qu'à demi raisonnable, qui promît le succès. Et pourtant : bien qu'une fuite parût presque impossible, ils s'étaient tous les trois décidés à l'oser.

Quelques heures après que Mme Eliasberg eut été emmenée, on sonna chez les Latte. Sur le pas de la porte, se tenait un homme de la Gestapo, cigarette au coin de la bouche, porte-documents sous le bras. A peine Konrad avait-il ouvert que l'autre était déjà au milieu de l'appartement. Il garda son chapeau sur la tête.

« Bonjour », dit le père de Konrad en se levant. Pas de réponse. Le jeune homme regardait autour de lui comme si le logis était sa propriété. « *Geheime Staatspolizei* », aboya-t-il finalement et, pleinement conscient de sa puissance, il jeta un regard à la ronde. Puis il demanda, avec un mouvement de la tête vers la mère de Konrad : « Vous êtes juive ? — Oui. — Et vous, vous êtes juif? » Il désignait ainsi l'« oncle » Ernst, qui était justement en visite. Celui-ci répondit par l'affirmative, bien qu'il ne fût que « temporairement juif ». Car lorsqu'il allait chez les Latte, l'« oncle » Ernst, pour se protéger, portait toujours une étoile jaune – un juif rendant visite à un juif était moins suspect qu'un « aryen ».

L'interrogatoire semblait terminé. Le jeune homme fit le tour de la pièce, prit dans sa main un pèse-lettre, le reposa, commença à lire une lettre restée sur le bureau et, le chapeau toujours sur la tête, s'assit au piano quart de queue Schiedmayer. Il plaqua quelques accords – un débutant, Konrad s'en aperçut aussitôt, un pianoteur ! – et grinça ensuite, un peu plus aimablement : « Très joli instrument ! J'ai entendu dire que vous vouliez vendre la caisse ! »

Il devait avoir mal entendu, répliqua le père de Konrad, on n'avait jamais songé à une telle vente, son fils avait besoin de l'instrument.

« Votre fils a besoin de l'instrument ? Et pour quoi faire ?

— Il est musicien.

— Je vais vous dire quelque chose, fit le jeune homme au chapeau en se levant. Votre fils n'est pas musicien, il est manœuvre. Il a démissionné de la musique ! »

Il prit dans son porte-documents sa plaque d'identité en fer-blanc et en tapota le piano.

« J'ai donc bien entendu : vous voulez vendre ce piano ? »

Manfred Latte ne céda pas ; il fit comme si ce n'était pas lui qui avait mal compris l'homme de la Gestapo, mais l'inverse. Konrad admirait son père qui, pâle comme un mort, mais la voix ferme, disait que M. Hirschberg devait bien le savoir, les juifs n'avaient pas le droit de vendre une partie quelconque de leurs biens sans une autorisation de la Gestapo.

Le jeune homme devint agressif. « Allez ! Asseyez-vous à la machine à écrire », hurla-t-il, « et écrivez ce que je vous dicte ! "A la *Geheime Staatspolizei* ! Moi, le juif Manfred Israël Latte[1],

---

1. Faut-il rappeler que les nazis obligeaient tous les

je demande par la présente l'autorisation de vendre mon piano à l'*Unterscharführer*[1] de la SS Fritz Hirschberg, là même connu. Motif : transfert dans un logement plus petit !" »

Puis il fit signer la déclaration à Manfred Latte et demanda, quasi familièrement : « Au fait, où est votre certificat d'autorisation, pour que vous ayez le droit d'utiliser cette machine à écrire ? »

M. Hirschberg tenait vraisemblablement cette remarque pour spirituelle.

Quand l'homme de la Gestapo eut enfourné l'écrit dans son porte-documents, il changea de ton. Que la famille ne se dérange pas pour lui, dit-il et, le chapeau toujours sur la tête, il s'assit à la table où le thé était servi. Il avait deux enfants, déclara-t-il, et il tenait beaucoup à ce qu'ils apprennent le piano. A quatre mains, parfaitement ! Et pour des enfants, dit-il, ce qu'il y a de mieux est tout juste assez bon. De toute façon, les Latte ne pourraient pas emporter le piano. Le savoir en de bonnes mains ne pourrait que leur être agréable.

Konrad n'en revenait pas. Cet homme ne di-

---

juifs à ajouter à leurs prénoms Israël pour les hommes et Sarah pour les femmes ?

1. Équivalent de caporal-chef.

sait pas tout cela sur un ton de raillerie ou de dérision, mais amicalement, comme dans un élan de confiance. Aucun doute, M. Hirschberg leur ouvrait son cœur, et le silence perceptible de ses « hôtes » ne l'irritait pas le moins du monde. Visiblement, il était persuadé de faire quelque chose de bien non seulement pour lui, mais pour les Latte.

Puis son regard tomba sur l'étui à violon.

« Ah, au fait, le violon m'intéresserait lui aussi ! » s'écria-t-il en se levant d'un bond. Manfred Latte se leva également. « Le violon restera ici ! » fit-il d'une voix tremblante. « Il appartenait à ma fille qui est morte... » Il était trop ému pour en dire davantage.

Konrad, sans en croire ses yeux, vit ce jeune homme guère plus âgé que lui, frapper sur l'épaule de son père pour l'apaiser. Son père qui s'était battu pour l'Allemagne en un temps où ce goujat, qui se prenait pour un représentant de la véritable Allemagne, n'était même pas né !

« Hé bien, hé bien, monsieur Latte, disait M. Hirschberg. Calmez-vous, maintenant. A quoi ça vous servira, de laisser traîner ici un aussi beau violon ! »

Puis il reprit son ton de service. Il avertirait à temps du jour où l'on viendrait emporter le piano. Et en ce qui concernait le paiement : lui, père de deux enfants, il ne pouvait pas y mettre beaucoup, mais pour les Latte, cela n'avait pas d'importance. L'argent allait de toute façon sur un compte bloqué. « Disons donc deux cents marks pour le tout, d'accord ? »

Quelques jours plus tard, M. Hirschberg revint. Il annonça à la mère de Konrad qu'il avait réfléchi. Il laisserait plutôt le piano dans le logement jusqu'à ce que l'on soit venu chercher la famille. Margarete Latte le remercia pour sa générosité ; toutefois, il valait peut-être mieux qu'il emportât le piano. Sinon, le nom des Latte se trouverait peut-être sur la prochaine liste de déportation, afin que Monsieur l'*Unterscharführer* entre plus vite en possession de « son » instrument...

En cet instant, une étrange métamorphose se produisit chez M. Hirschberg. Après tout ce qu'il lui avait fait endurer jusqu'à présent, la mère de Konrad s'attendait à tout, mais non à la scène suivante. M. Hirschberg devint blême, prit une attitude fière, se dressa de toute sa taille, puis, une indignation sincère dans la voix, cria : « Pour qui me prenez-vous, madame Latte ? Je ne suis quand même pas une canaille ! »

Après quoi il vira sur ses talons et s'en alla.

On n'attendit pas longtemps avant que

M. Hirschberg se trouvât devant la porte avec un camion de déménagement. Il avait eu des problèmes avec son service, il s'excusait, on avait prétendu là-bas qu'il avait conclu « un contrat particulier avec un juif », ce qui était en réalité une accusation inconcevable. Pour sa part, toute cette affaire le désolait infiniment, mais le monde était mauvais, que voulez-vous...

Puis il fit charger le camion et n'oublia pas, outre le piano et le violon, de faire emporter en hâte encore les deux tabourets du piano et la lampe.

Le lendemain matin, Konrad raconta dans sa fabrique de colorants le vol des instruments commis par M. Hirschberg en toute légalité manifeste. Il savait que le contremaître était nazi ; ce que celui-ci pouvait penser et dire lui était maintenant indifférent. Les ouvriers écoutèrent en silence, quelques-uns hochèrent doucement la tête, mais Konrad sentit leur indignation et il sentit distinctement qu'ils étaient de son côté. Toute la journée, ils le traitèrent avec des égards particuliers, lui prirent des mains l'un ou l'autre sac, ils lui donnaient des coups de coude dans le côté pour l'encourager, et ces petits gestes de sympathie le consolaient, même si cela ne pouvait rien changer à ce qui était arrivé.

« Tu n'as aucune chance. Prends-la ! »

Le 8 avril 1942, les parents d'Anita reçurent l'ordre de se présenter dans les vingt-quatre heures au centre de rassemblement. Six mois auparavant, Anita et sa sœur Renate avaient été engagées dans une fabrique qui produisait du papier hygiénique et des serviettes en papier.

Leur père, comme le raconte Anita Lasker-Wallfisch dans son livre *Ihr sollt die Wahrheit erben* (« Vous devez hériter de la vérité »), prit la nouvelle avec une grande maîtrise de soi. Les deux filles n'étaient pas sur la liste, et il coupa court à toute discussion sur le fait de savoir si elles devaient malgré cela partir avec eux, par ces mots : « Là où nous allons, on arrive bien assez à temps. » Puis il se retira dans son bureau et travailla tard dans la nuit.

Anita attendit avec sa mère jusqu'à ce que son père eût fini son travail. A deux heures du matin, il fit venir Anita et lui dicta, pour qu'elle le notât dans son agenda, comment régler les affaires de la maison, comment payer le gaz et le loyer, à qui elle devait écrire. A la fin, il lui remit une procuration qui l'autorisait à signer à sa place tout ce qui aurait nécessité sa signature, à lui.

Il lui dit qu'il s'en remettait à elle et ajouta : « Anita, fais attention à ta démarche ! » Ce furent les derniers mots qu'elle entendit de la bouche de son père.

Plus tard, arrivèrent encore trois lettres, où le père tâchait de donner du courage à ses filles. Sur les circonstances dans lesquelles il vivait avec sa femme depuis sa déportation, ou sur l'endroit où il se trouvait, il ne disait pas un mot. « Envoyez de la nourriture », lut Anita à la fin d'une lettre, et dans la dernière qu'elle reçut, il y avait le psaume : « Je lève les yeux vers les monts d'où viendra mon secours ! » Puis les nouvelles s'interrompirent.

Konrad rendit visite aux deux sœurs Lasker aussi souvent qu'il le put. Il voyait que leurs conditions de vie avaient dramatiquement empiré depuis que leurs parents avaient été emmenés. « Je me fais du souci pour Anita et Renate », note Konrad dans ses cahiers. « A la longue, elles n'auront pas assez de force pour la vie qu'elles doivent mener. Chaque jour, quand elles reviennent chez elles, mortellement fatiguées par leur travail, c'est un logis non rangé, non chauffé qui les attend. L'une commence alors à allumer le chauffage et à faire le ménage, tandis que l'autre se rend dans l'un des magasins, très éloignés, où les juifs ont le droit de faire leurs courses entre quatre et cinq heures. Puis on fait vite cuire n'importe quoi, et la plupart du temps elles s'endorment déjà en mangeant. Cela dure ainsi depuis plusieurs semaines. Autrefois, elles avaient une maison de dix pièces et une gouvernante française... »

Un jour, les deux jeunes filles initièrent Konrad à leur plan de fuite. Elles avaient réussi à entrer en contact, par un trou dans le mur des toilettes, avec quelques-uns de leurs « collègues » français – il s'agissait de prisonniers de guerre envoyés pour travailler dans la fabrique de papier de Breslau. Les deux jeunes filles parlaient bien le français et elles s'étaient entendues avec les « travailleurs civils » pour les aider à fabriquer de faux papiers. « Ces travailleurs civils », rapporte dans son livre Anita Lasker-Wallfisch, « avaient le droit de prendre un congé de temps en temps et de rentrer chez eux. Nous possédions encore une machine à écrire – c'était tout ce qui nous restait de l'activité de mon père –, et en outre nous savions écrire en Sütterlin[1]. Nous avons ainsi aidé à fabriquer de faux papiers, qui ont été ensuite utilisés par les prisonniers de guerre pour s'évader... Les tampons nécessaires ont été imités par d'autres personnes. »

Un jour, elles découvrirent que le trou dans le mur avait été bouché – elles avaient toute raison de craindre d'avoir été observées. En toute hâte, elles conçurent le projet de fabriquer pour elles-mêmes de faux papiers et de s'introduire en France, en zone libre, en se faisant passer pour des Françaises. « Une entreprise totalement absurde », juge rétrospectivement Anita Lasker-Wallfisch, « nous ne savions même pas s'il existait des travailleurs civils féminins. »

Konrad réagit avec scepticisme à ce projet. Le gouvernement français de Vichy collaborait avec les nazis. Même si les sœurs réussissaient à quitter l'Allemagne en se faisant passer pour « françaises », il restait toujours à craindre que les autorités françaises les fassent arrêter et les renvoient dans leur pays. En revanche, ce projet quasiment sans espoir offrait aux deux sœurs l'occasion probablement ultime d'échapper à

1. Écriture ronde différente du gothique, inventée par Ludwig Sütterlin (1865-1917).

une déportation certaine. Il se reprocherait toute sa vie d'en avoir dissuadé les jeunes filles.

Quelques jours plus tard, quand les sœurs lui montrèrent leurs papiers, il fut épouvanté. Inutile d'être un expert pour s'apercevoir qu'ils étaient falsifiés d'une manière extrêmement dilettante. Le mot *Ausweis*, carte d'identité, était mal imprimé. Anita, qui devait forcément avoir remarqué la faute, ne voulut pas l'admettre. Quand il posa le doigt sur la lettre manquante, elle prétendit obstinément que personne ne s'en apercevrait. En outre, il était trop tard pour se procurer d'autres papiers d'identité. La date du départ était fixée, mercredi prochain, à dix heures du soir.

Il aurait préféré n'avoir jamais été averti de leur projet. Il souhaitait aux jeunes Lasker tout le bonheur du monde, mais avec la meilleure volonté il ne réussissait pas à croire en la réussite de leur fuite. Pourtant, il ne servait plus à rien de les retenir. Elles semblaient toutes les deux si obstinément attachées à leur plan, si optimistes, si heureuses à la perspective de s'enfuir à Paris... Il n'eut pas la force de détruire leur espoir.

Peu avant de lui dire adieu, Anita prit Konrad à l'écart et le pria de leur rendre un service.

Est-ce que, pour le cas où, il leur céderait un peu de cette chose blanche, il savait bien !

Konrad avait raconté à Anita qu'il s'était procuré du cyanure de potassium chez un ami pharmacien, le Dr Finley. Mais il n'aurait jamais pensé qu'elle pût le prier de partager le poison avec elle. Lui, qui était à peine âgé de vingt ans, il voyait soudain les deux jeunes filles avec les yeux d'un adulte. Peut-être, avec leurs papiers grossièrement falsifiés, n'avaient-elles réellement pas l'ombre d'une chance. Peut-être, et même sans doute, seraient-elles arrêtées par la Gestapo et déportées. Et peut-être, et même sans doute, vaudrait-il mieux alors qu'elles échappent pour toujours à leurs persécuteurs grâce à ce poison qui agissait en quelques secondes. Mais était-ce à lui, Konrad, de leur administrer la drogue mortelle ?

Les sœurs lui paraissaient beaucoup trop nerveuses pour savoir se servir du poison. Elles le prendraient sans doute trop tôt, obéissant à un état d'âme, à un désespoir momentané, à une fausse évaluation de leur situation.

Fermement décidé à refuser ce que lui demandait Anita, il lui donna quand même une partie du poison, dans un petit tube de verre. Toutefois, la crainte d'avoir poussé ses deux amies dans une mort inutile et prématurée l'empêcha de dormir. Le lendemain, sous le prétexte de s'être trompé de dose, il pria Anita de lui rendre le poison. Il en ôta le cyanure de potassium, remplit le tube de sucre de raisin et le rendit à son amie, pour le voyage.

Le soir précédant leur départ pour la France, il avait rendez-vous avec les deux sœurs dans la maison des Krumme. Le couple formait ce que l'on appelait un mariage mixte – Werner Krumme était « aryen » et sa femme Ruth, juive. Konrad eut peine à reconnaître les jeunes Lasker. Elles étaient vêtues avec une extrême élégance, elles avaient les yeux et les lèvres violemment fardés et elles s'étaient appliqué beaucoup de rouge sur les joues, pour avoir l'air aussi « françaises » que possible. Le lendemain matin, lui expliquèrent-elles, elles ne se rendraient pas à leur travail et passeraient la journée chez les Krumme. Le soir, elles prendraient le train pour Paris. Renate était pleine de confiance, mais Anita pleurait à fendre l'âme. Konrad eut le sentiment terrible qu'elle lui aurait été reconnaissante si, à la dernière minute, il l'avait quand même fait renoncer à son projet.

Deux jours plus tard, Konrad apprit que la fuite des deux sœurs avait échoué, dans des circonstances pires encore qu'il ne l'avait redouté.

Les Krumme, malgré les protestations des jeunes filles, avaient absolument voulu les accompagner à la gare. Ils furent arrêtés par la Gestapo en même temps qu'Anita et Renate, sur le quai de la gare de Breslau. « Werner, l'*aryen* », écrit Anita Lasker-Wallfisch, « devint plus tard un détenu "important" d'Auschwitz. Il a aidé d'autres prisonniers, autant qu'il était possible. Sa femme est morte dans la chambre à gaz. Il a survécu. Il y a quelques années, on a planté un arbre au mémorial de Yad Vachem, à Jérusalem, en l'honneur de Werner Krumme. Il l'avait bien mérité ! »

Peu après, Konrad fut convoqué au siège de la communauté juive. Le président le reçut, mi-embarrassé, mi-mécontent. La Gestapo avait posé des questions sur Konrad, lui apprit-il, les filles Lasker avaient brusquement disparu ; la Gestapo lui avait demandé, à lui, le président, avec qui les fugitives étaient liées d'amitié. Il avait dû malheureusement citer le nom de Konrad. Konrad devait tout de suite se présenter là-bas et expliquer ce qui s'était passé ; lui, le président, il était épouvantablement désolé...

Dans les bureaux de la Gestapo, Konrad s'en tira plutôt à bon compte. Le policier qui l'interrogea n'avait que quelques années de plus que lui et était étonnamment inexpérimenté. Il ordonna à Konrad d'attendre à la porte, se mit au garde-à-vous et hurla : « Comme la loi le commande ! » – « Konrad Israël Latte ! » se présenta réglementairement Konrad, après quoi il fut autorisé à s'approcher. Ensuite, on ne lui demanda pas grand-chose. On voulait seulement savoir si les jeunes filles lui avaient parlé de leurs intentions de fuir et s'il savait où elles étaient allées. Konrad répondit négativement aux deux questions. Puis l'homme de la Gestapo s'efforça de rédiger le protocole de l'interrogatoire, mais il était visiblement incapable de résumer le résultat en phrases allemandes présentables. Vite décidé, Konrad lui dicta le texte du protocole tandis que l'autre tapait à la machine, il le lut ensuite avec soin, corrigea rapidement quelques fautes d'orthographe et signa. Il fut alors autorisé à s'en aller.

Profondément soulagé, Konrad quitta le bureau. Sans le vouloir, le policier lui avait fourni un indice sur le sort des deux jeunes filles. C'était clair, la Gestapo n'avait pas remarqué que les deux « Françaises » arrêtées étaient les sœurs Lasker que l'on recherchait. Leur présentation et leur français avaient si fortement impressionné les policiers qu'ils ne s'étaient pas inquiétés de la faute sur leurs cartes d'identité, si même ils l'avaient remarquée.

Ce qu'il avait appris signifiait de toute façon un délai pour ses amies. Konrad remerciait le ciel qui lui avait inspiré d'échanger le cyanure contre du sucre de raisin. S'il ne l'avait pas fait, les deux sœurs seraient sans doute déjà mortes.

Mais c'en était trop pour lui, il ne voyait plus d'issue nulle part. A l'Elisabethkirche, où il avait joué de l'orgue devant Johannes Piersig, il connaissait un pasteur dont les prêches l'avaient impressionné. S'il pouvait se confier à quelqu'un, ce serait au pasteur Joachim Konrath. Celui-ci prit le temps de recevoir ce visiteur en profond désarroi, cependant il parut difficile à Konrad d'entrer en conversation avec lui. Tout ce que l'homme d'Eglise disait lui semblait étranger, évoquait la table de travail et le prône. Finalement, Konrad lui raconta l'histoire des jeunes Lasker, mais en le priant d'oublier aussitôt le nom des deux jeunes filles. Il fut épouvanté quand le Dr Konrath entra bel et bien en fureur contre lui.

Qu'aurait-on de plus, si lui, Konrath, transposait ce qui devait absolument être dit, de telle manière que la communauté n'y comprenne rien ? Il fallait appeler l'injustice par son nom, même si cela devait vous coûter la liberté ou la tête.

Konrad sentit grandir son respect envers le pasteur quand, le dimanche suivant, il entendit raconter en chaire l'histoire de ses deux amies. « Parmi nous vivent des êtres humains », disait le pasteur, « des Allemands comme nous, que les pouvoirs publics ont marqués et exclus. L'idée de cette marque de distinction n'est pas neuve. Une fois déjà, il y a environ quatre cents ans, notre peuple est tombé aussi bas. Ne faisons pas comme si nous ne savions pas qui est frappé aujourd'hui par cette exclusion. Ce sont les meilleurs d'entre nous. »

Ensuite, il évoqua, sans les désigner par leur nom, la fuite et l'arrestation des jeunes Lasker, avec tant d'émotion et de netteté que tous ceux qui les connaissaient durent comprendre de qui il s'agissait. A la manière dont les chrétiens traitaient ces êtres persécutés, poursuivit le pasteur, on reconnaissait s'ils vivaient réellement leur foi, la foi de la fraternité et de l'amour du prochain. « Ne vous leurrez pas ! » cria-t-il à la communauté, « on ne se moque pas de Dieu ! »

Dans l'église, le silence était devenu tel que l'on aurait entendu une plume tomber à terre. Konrad avait le sentiment que tous le connaissaient et allaient diriger sur lui, le témoin de l'histoire, des regards inquisiteurs. Après un prélude de Piersig, la communauté entonna le choral « Quand nous sommes dans la pire détresse ».

Ce qui s'était effectivement déroulé dans la gare de Breslau, Konrad ne l'apprit que bien des années plus tard. A peine arrivées sur le quai, les sœurs sentirent que quelque chose n'allait pas. Il y avait là des hommes en vêtements civils qui n'avaient pas l'air de Français. Renate avait déjà casé sa valise dans un compartiment, mais Anita était encore sur le quai et s'entretenait avec les Krumme. Et puis c'était arrivé. Les hommes en civil allèrent droit vers Anita et ses amis... Gestapo, vous êtes arrêtée.

Un instant, Anita espéra qu'au moins Renate, qui était déjà dans le train, s'en tirerait. Mais elle descendit quand elle vit que sa sœur était arrêtée et se plaça à côté d'elle. Les deux jeunes filles furent conduites au poste de police de la gare et durent attendre. Interminablement, elles restèrent assises dans la pièce nue. A un moment, Anita se rappela le cyanure de Konrad qu'elle avait caché dans un de ses bas et presque oublié. Quelques jours avant sa fuite, elle n'avait pu s'empêcher de humer le petit tube de verre. La poudre sentait un peu le massepain, rappelait aussi les amandes amères.

En un bref dialogue, les deux sœurs tombèrent d'accord pour juger qu'elles se trouvaient maintenant dans la situation pour laquelle était prévu le tube. Anita le tira de son bas et l'ouvrit sous la table devant laquelle elles étaient assises. Palpant la quantité du bout des doigts, elle versa le contenu dans deux petits morceaux de papier plié. Elle en glissa un à sa sœur.

Peu après, des hommes de la Gestapo entrèrent avec leurs chiens, pour accompagner les jeunes filles du poste de la gare au quartier général. La voiture qui devait les emmener n'arrivant pas, les sœurs durent faire le chemin à pied, avec leurs gardes et les chiens.

Au coin de la Gartenstrasse et de la Schweidnitzerstrasse, Anita et Renate se donnèrent le signal convenu. La langue d'Anita toucha la poudre. Le goût n'était pas ce qu'il aurait dû être. Malgré tout, elle était sûre que dans quelques instants elle s'affaisserait sans connaissance dans la rue.

Anita trébucha ou s'efforça de trébucher, mais que se passait-il ? Ses yeux ne se révulsaient pas, elle ne ressentait pas de crampes, ne tombait pas sur le sol et moins encore sans connaissance – elle continuait à marcher à côté de sa sœur.

Les hommes de la Gestapo ne remarquèrent pas la tentative de suicide des deux « Françaises ». Ils les livrèrent saines et sauves au bâtiment principal de la Gestapo.

Anita et Renate allèrent en prison et jouèrent un temps avec succès leur rôle de Françaises. Même leurs gardiennes essayaient de se faire comprendre d'elles en français. Finalement, les sœurs révélèrent leur véritable identité. Elles furent alors transférées dans les « cellules pour juifs » et accusées de « falsification de documents, aide à l'ennemi et tentative de fuite ». « Accusation grotesque à nos yeux », commente Anita Lasker-Wallfisch dans son livre. « *Leur* ennemi n'était pas *notre* ennemi, et la tentative d'échapper en fuyant à une mort certaine, me semblait constituer un "crime" étrange. »

Entre-temps, Konrad tentait d'en apprendre davantage sur le sort de ses amies. Il savait seulement qu'elles étaient en prison. Un jour, il trouva une lettre dans sa boîte. Elle comprenait maintenant, écrivait Anita, qu'il avait eu raison de douter, mais elle ne regrettait rien. A présent, elle attendait avec calme et sérénité ce que l'avenir apporterait...

Les deux sœurs passèrent en jugement.

Anita fut condamnée à dix-huit mois de prison. Renate, qui étant la plus âgée portait aux yeux des juges la plus grande responsabilité, fut condamnée à deux ans et demi de travaux forcés. Quelques mois plus tard, Anita et Renate furent déportées séparément à Auschwitz.

Comment les sœurs survécurent d'abord à Auschwitz, puis au camp de la mort de Bergen-Belsen, il faut le lire dans le livre d'Anita Lasker-Wallfisch. Il suffit de mentionner ici une vésanie bureaucratique dans l'appareil faussement légal de la persécution nazie. C'est sans doute à cette absurdité que les deux sœurs durent leur survie.

Leur tentative de se soustraire à la déportation grâce à de faux papiers était un crime selon les lois de la justice nazie. Et puisque c'était un crime, les sœurs devaient être inculpées et traduites devant un tribunal. Mais la procédure pénale arracha provisoirement les deux délinquantes des griffes de la Gestapo. Dès lors, elles ne pouvaient plus être tout simplement déportées ; elles devaient d'abord se justifier devant un tribunal et ensuite purger la peine prononcée. Les juges, qui connaissaient sans doute leur père, firent de leur mieux pour condamner les jeunes Lasker le plus lourdement possible – ils savaient que la prison leur offrait la meilleure protection contre la déportation et la mort. De fait, le procès intenté contre les sœurs et la peine de prison qui suivit retardèrent d'un an et demi leur déportation à Auschwitz.

Ici, on se souvient de la phrase que Konrad avait lancée par défi : « Toujours une heure de gagnée. » Si Renate et Anita n'avaient pas tenté de fuir avec de faux papiers, elles n'auraient pas été inculpées et condamnées. Si leur séjour en prison n'avait pas retardé leur déportation, Anita n'aurait guère pu trouver refuge comme violoncelliste dans l'orchestre de femmes d'Auschwitz et protéger sa sœur. Si Konrad n'avait pas échangé le contenu du tube, les deux sœurs n'auraient connu ni la prison, ni les années dans les camps...

Aucune de ces circonstances, aucun de ces hasards n'était prévisible quand les jeunes filles se décidèrent à fuir. Mais si elles n'avaient pas pris cette décision, aucune de ces circonstances, aucun de ces hasards n'aurait pu se produire.

Konrad ne revit Anita qu'après la guerre, quand il lui rendit visite à Lüneburg. Là, elle déposait au procès intenté aux responsables du camp de Bergen-Belsen. Quand ils s'embrassèrent, il savait, ils savaient tous les deux, qu'il avait quelque chose à expliquer. Après coup, il pouvait facilement dire qu'il avait « par bonheur » trompé les deux sœurs. Mais cela avait été quand même une tromperie.

« Je l'ai remercié pour le sucre », écrit Anita Lasker-Wallfisch dans son livre.

Une phrase de Rainer Maria Rilke – et ses conséquences

Quelques jours après l'arrestation des sœurs Lasker, Konrad fut appelé pendant son travail au bureau du chef. Là, deux hommes en civil l'attendaient et le toisèrent en silence. « *Staatspolizei* », dit finalement l'un d'eux. « Allez, habillez-vous ! Et plus vite que ça ! »

Konrad courut à la salle du petit déjeuner où étaient accrochées ses affaires. Tandis qu'il s'habillait, il se rappela qu'une fois de plus il n'avait pas d'étoile à sa veste ; et sa carte d'identité avec le grand « J », il l'avait aussi laissée à la maison. Par chance, il trouva une « étoile juive » chiffonnée dans la poche de son manteau, mais pas d'épingle de sûreté. Hâtivement, il chercha dans la pièce, trouva finalement une épingle, fixa l'étoile et revint au bureau en courant.

Les policiers ne semblaient pas trop pressés. Entre-temps, ils partageaient le petit déjeuner du chef et discutaient avec animation. Ils ne regardèrent même pas Konrad et le laissèrent tout simplement debout près de la porte. Quand ils eurent fini, ils prirent congé avec un sec *Heil Hitler* et d'un signe de tête, firent comprendre à Konrad qu'il devait les suivre.

Ils se rendirent en tramway jusqu'aux bureaux de la Gestapo. Quand ils furent descendus, les policiers se dirigèrent d'un pas sûr vers une maison dont Konrad connaissait par cœur l'extérieur et l'intérieur : l'école juive Am Anger 8. Que la *Geheime Staastpolizei* ait établi ses quartiers justement ici, lui fit comprendre le caractère radical de la persécution. Au deuxième étage, les policiers disparurent dans l'une des anciennes salles de classe et ordonnèrent à Konrad d'attendre dans le couloir. Sur l'unique banc du palier était fixée une pancarte : « L'usage des bancs est strictement interdit aux Polonais, aux Tsiganes et aux juifs. »

Pendant un temps infini, il resta debout devant la porte fermée. Le silence dans le bâtiment nu, « purifié » de tous les signes de la vie juive, lui était insupportable. Il avait couru dans ces couloirs avec ses camarades pour se rendre dans la cour – il croyait entendre les appels et les cris pendant les récréations ; par ces fenêtres, il avait regardé la synagogue. A présent, toutes ces voix n'étaient plus ; de la synagogue, on ne voyait plus rien. Elle avait été incendiée par les nazis.

Il songea à quel point ses parents seraient inquiets quand, le soir, il leur raconterait son *intermezzo* – c'est par ce mot qu'il désignerait son arrestation. Il ne doutait pas de pouvoir tout leur raconter le soir même.

A un moment, il entendit des pas dans la cage d'escalier. Attendant il ne savait quoi, il regarda dans le couloir vide, guettant la silhouette qui allait émerger. Quand il reconnut M. Hirschberg, un espoir fou s'éveilla en lui. Malgré tout ce que M. Hirschberg leur avait fait, à lui et à sa famille, il était de quelque manière lié à Konrad par l'instrument sur lequel entre-temps il pianotait avec ses deux enfants. Hirschberg pouvait au moins témoigner devant ses collègues qu'il connaissait Konrad, qu'il n'y avait aucune raison de procéder à un interrogatoire, que tout cela était un malentendu...

Avec un sourire qui exprimait la joie des retrouvailles, Konrad courut à sa rencontre. Mais M. Hirschberg regarda Konrad comme s'il ne le connaissait pas. Il ne répondit même pas à son salut. En cet instant, Konrad perdit tout espoir et il sut qu'à partir de maintenant tout, même le pire, était possible.

Enfin, après des heures d'attente anxieuse, la porte s'ouvrit. Sans un mot d'explication, l'un des policiers s'avança vers Konrad et le conduisit dans la rue. L'homme ne dit rien non plus sur l'endroit où ils se rendaient ; en silence, Konrad marchait à côté de lui. Quand ils tournèrent dans la Graupenstrasse, Konrad sut où on l'emmenait. Il connaissait le bâtiment aux fenêtres grillagées qui allait maintenant émerger devant lui.

Pourquoi devait-il aller en prison, demanda Konrad désespéré. Son convoyeur garda le silence. Il sonna à la porte de la prison et répondit par deux mots à la question du portier : « Un nouveau. »

Les heures suivantes passèrent à effectuer les formalités de mise sous écrou. Il allait sans cesse d'un fonctionnaire à l'autre, on inscrivait ce qu'il portait sur lui, on lui ordonna de se déshabiller, on lui remit ses vêtements de détenu avec l'étoile et ses draps de lit.

Le lendemain matin, il fut conduit chez le juge d'instruction. A côté de ce petit homme d'un certain âge, il n'y avait dans la pièce qu'un représentant de la Gestapo.

Le juge d'instruction ne leva pas les yeux de ses dossiers en adressant la parole à Konrad : « Connaissez-vous une certaine Anita Lasker ? »

Konrad répondit affirmativement.

« Etes-vous fiancés ? »

Konrad fit remarquer au juge qu'Anita avait seize ans et que pour cette seule raison, il ne pouvait pas être fiancé avec elle.

« Mais vous savez qu'Anita Lasker a fait une tentative de fuite avec sa sœur ? »

Konrad reconnut qu'il avait entendu parler de leur arrestation.

« Vous savez que c'est un délit passible de peine ? »

Konrad fit comme s'il ne comprenait pas la question, qui en réalité offensait son sens de la logique. Car il se posait la même question qui avait préoccupé Anita et Renate : comment la tentative de fuite de deux jeunes filles juives, pour la disparition desquelles l'État allemand avait manifesté un intérêt si pressant, pouvait-elle être un délit ?

Le juge s'impatienta.

« Renate et Anita Lasker étaient réquisitionnées. Ce qu'elles ont fait est du sabotage ! Comprenez-vous que ce crime doit être puni ? »

Konrad fit un signe de tête affirmatif.

« Pourquoi écrivez-vous alors à Anita Lasker qu'elle doit se défendre contre cet "arbitraire" ? »

Il n'avait rien écrit de tel, s'exclama Konrad.

Le juge sortit de sa serviette une lettre et la tendit à Konrad par-dessus la table. Dès la première ligne, Konrad s'aperçut que c'était la copie d'une lettre de lui à Anita. Une ligne était soulignée de rouge : « Te rappelles-tu ? Il y a toujours un endroit où l'arbitraire viendra de lui-même se heurter à la loi[1]. »

Konrad connaissait le passage et le contexte par cœur. Il s'agissait d'une citation, malheureusement pas introduite par des guillemets, d'un texte de Rainer Maria Rilke, que Konrad avait lu avec Anita.

« Avez-vous écrit cela, ou non ? »

La phrase n'était pas de lui, mais de Rainer Maria Rilke, répondit Konrad.

« Vous reconnaissez donc que vous avez essayé d'inciter votre amie à se révolter contre l'autorité de l'État ? »

Konrad fut tellement stupéfié par cette explication du juge qu'il ne put réprimer un éclat de rire – ce qui lui valut la menace d'une peine disciplinaire.

Le poète autrichien avait formulé cette phrase très expressément *contre* toute rébellion ;

---

1. Ce passage et le suivant sont extraits de : Rilke, *Œuvres en prose*, Bibliothèque de la Pléiade, Paris, 1993, *Lettre du jeune ouvrier*, trad. de Rémy Colombat, pp. 1052-1053.

Dans sa *Lettre du jeune ouvrier*, Rilke s'était confronté avec le problème du pouvoir. Il avait défendu sa conviction que le pouvoir, « même nuisible et méchant », perd à l'instant son caractère terrifiant si l'on se soumet volontairement à lui.

Cette pensée, nullement rebelle, avait paru consolante à Konrad et à son amie quand ils se préparaient à la fuite et à l'échec possible de celle-ci. Et c'était justement pour cette raison qu'il l'avait rappelée à Anita dans sa lettre.

Mais le juge lisait dans la phrase de Rilke exactement le contraire. Son cerveau, réagissant en réflexes, était resté accroché au mot « arbitraire », et selon sa logique l'« arbitraire » ne pouvait entraîner que rébellion, mutinerie et révolution.

En termes aussi simples que possible, Konrad essaya d'expliquer au juge son erreur. Qu'il veuille bien prendre connaissance de l'enchaînement du texte, pria Konrad, et il cita de tête : « Il y a toujours un endroit où l'arbitraire viendra de lui-même se heurter à la loi, et nous économisons notre force en lui laissant le soin de se convertir par ses propres moyens. [...] Au plus profond de moi, je sais que la soumission mène plus loin que la révolte ; elle confond ce qui n'est qu'usurpation et contribue d'une manière qu'on ne peut décrire à glorifier le vrai pouvoir. »

Le juge fit comprendre qu'il n'avait pas de leçon à recevoir de Konrad. Il semblait tenir pour hautement suspecte l'idée que quelqu'un pouvait adoucir le pouvoir d'une domination arbitraire, ou même l'annuler, en se soumettant à elle. Au demeurant, on voyait qu'il n'avait jamais encore entendu le nom de Rilke.

Konrad essaya une autre méthode. Quel sens cela aurait-il pu avoir, demanda-t-il, s'il avait réellement conseillé à Anita prisonnière de ne pas se laisser faire et de se révolter contre l'« arbitraire » ? A quoi lui aurait servi un tel conseil, dans sa cellule ? Et est-ce qu'un homme, même à moitié intelligent, s'il avait voulu lui donner ce conseil, ne se serait pas exprimé autrement ? On sait bien que les lettres adressées aux prisonniers sont lues !

Ce dernier argument sembla persuader quelque peu le juge. Avant de prendre une décision, il voulut faire venir du domicile de Konrad le volume contenant les lettres de Rilke.

Konrad fut ramené dans sa cellule. Les jours suivants, il attendit en vain le geôlier qui lui ouvrirait la porte et l'accompagnerait chez le portier. Le juge l'avait-il tout simplement oublié ? Ou bien ne comprenait-il pas plus la phrase de Rilke que lorsqu'il l'avait lue dans la lettre ?

Il s'interdit de compter les jours et les semaines, il cessa d'attendre quelque événement à peu près prévisible, quelque règle ou logique dans la procédure engagée par l'État envers lui.

Un dimanche, un gardien entra dans la cellule. « Latte, venez avec toutes vos affaires. »

Tout en le suivant, Konrad tentait de contenir les espoirs fous qui l'envahissaient. Ne te raconte pas d'histoires, quelles que soient leurs intentions envers toi, en tout cas ils ne te relâcheront pas !

On lui rendit minutieusement toutes ses affaires, on compta avec soin les quelques marks qu'il avait dans ses poches lors de son arrestation : il manquait cinquante pfennigs. Le préposé compara la somme étalée sur la table avec celle qui figurait sur sa liste, compta et recompta, il ne trouvait pas l'erreur.

Ne pouvait-on pas tout simplement oublier les cinquante pfennigs, demanda Konrad avec le plus d'indifférence possible.

« Pour qui me prenez-vous ? » cria le fonctionnaire.

Konrad retint sa réponse à temps et préféra regarder à terre, conscient de sa faute. Car M. Hirschberg le lui avait appris : les fonctionnaires nazis ne voyaient pas le moindre inconvénient à s'approprier les biens de citoyens allemands, à les expulser de leurs domiciles et à les déporter. Mais ils ne supportaient pas le soupçon d'avoir pu détourner ne fût-ce que cinquante pfennigs.

Finalement, le problème des cinquante pfennigs, de la solution duquel dépendait l'honneur du fonctionnaire, s'expliqua d'une manière quelconque et les portes s'ouvrirent sur l'extérieur. Un policier accompagna Konrad au portail. Mais même maintenant, alors qu'il entendait déjà les bruits de la rue, Konrad réprima son envie de pousser un soupir de soulagement. Quoi qu'ils veuillent faire de toi, ils ne te laisseront pas rentrer à la maison ! Ils vont te conduire ailleurs, vers un nouvel interrogatoire, dans une autre prison, peut-être dans un camp de concentration !

« Et lui ? » demanda le portier au policier.

« Il ne revient pas », fut la réponse.

Ce fut seulement quand ils se trouvèrent dans la rue, pas une seconde plus tôt, que le policier apprit à Konrad qu'il pouvait maintenant rentrer chez lui. Il devait se présenter à son travail le lendemain matin à sept heures, entendit encore Konrad, sinon il serait de nouveau ramassé sans délai.

Konrad s'éloigna de la prison en courant sans se retourner. Quand le policier fut hors de vue, il se cacha dans une porte cochère. Il ôta l'étoile juive de sa veste – étrangement, personne n'avait remarqué qu'elle n'était fixée que par une épingle –, monta dans le premier tramway et rentra chez lui.

« Je ne peux pas décrire nos retrouvailles », note Konrad dans ses cahiers. « Ce fut l'une des plus belles heures de ma vie. Peut-être même la plus belle de toutes. »

Le lendemain matin, il se présenta ponctuellement à son travail. Tous savaient qu'il avait été arrêté ; il était évident que personne n'avait compté le revoir. L'étonnement fut d'autant plus grand. Ses collègues l'entouraient et voulaient savoir comment et pourquoi il avait été emmené et ce qui lui était arrivé ensuite. Konrad ne se fit pas longtemps prier ; pendant une heure, debout au milieu de ses collègues, il raconta. Les autres ne disaient rien, écoutaient, apparemment impassibles, mais à leur attitude on comprenait à quel point ils désapprouvaient l'injustice commise envers Konrad. Chacun tentait à sa manière de soulager son premier jour de travail après sa détention et de lui faire oublier ce qu'il avait vécu.

Des années plus tard, quand on apprit sans contestation possible que six millions de juifs avaient été assassinés dans les camps de concentration, des historiens se sont demandé comment on avait pu en arriver à ce crime sans précédent. S'il y avait eu chez les Allemands un antisémitisme d'un genre singulier, particulièrement meurtrier. En ce qui concerne sa propre expérience, déclare Konrad, « je ne peux pas prétendre que l'antisémitisme si violemment prêché pendant le IIIe Reich ait été particulièrement populaire... ».

La fuite à Berlin

Konrad et ses parents passèrent les semaines suivantes dans une incertitude et une crainte continuelles. Représentant itinérant et avocat occasionnel, Manfred Latte était plus au courant que beaucoup d'autres des chasses à l'homme effectuées dans la ville. Entre-temps, une centaine de juifs seulement y vivaient encore, et depuis des semaines courait la rumeur d'une nouvelle déportation. La famille Latte figurerait presque certainement sur la prochaine liste.

Le président de la communauté juive n'habitait qu'à quelques maisons du cimetière. Si quelqu'un savait quand serait établie la liste définitive et qui était concerné, c'était lui. Manfred Latte l'interrogea, mais sans obtenir de réponse claire. Konrad pouvait de moins en moins supporter cette existence dans le doute. Il souhaitait presque qu'on en fût arrivé là, que la certitude imposât enfin une décision.

A la fin de février 1943, on l'appela au téléphone pendant son travail. Sa mère s'exprima brièvement : « L'"oncle" Ernst est tombé malade. Peux-tu aller tout de suite chez lui ? »

Il savait ce que voulait dire cette phrase : c'était le signal de la fuite. Sous un prétexte quelconque, il demanda à s'absenter et se mit en chemin vers l'« oncle » Ernst. Là, il trouva, pâles et nerveux, ses parents. Depuis avril 42, il était interdit aux juifs de rendre visite aux « aryens » au domicile de ceux-ci. Ce qu'ils avaient à dire était bref. Le matin, un homme à bicyclette était passé chez les Latte et leur avait crié : « Fichez le camp ! Ils raflent de nouveau des juifs dans la ville. » Ses parents avaient ramassé en hâte tout ce qui leur tombait sous la main et quelques minutes plus tard ils quittaient la maison. Mais ensuite ? Konrad était vêtu de sa blouse de travail tachée par les colorants – ce n'était pas le camouflage idéal pour plonger dans la clandestinité. Il espérait que l'« oncle » Ernst aurait dans son armoire un manteau qu'il pourrait passer sur sa blouse.

Mais l'ami de la famille, d'habitude si ingénieux, toujours si beau parleur et habile, était soudain métamorphosé. De toute évidence, il était pris de panique et redoutait à tout instant l'irruption de la Gestapo dans sa demeure. Les parents Latte avaient déposé chez lui des objets de valeur. Quand ils voulurent s'en enquérir, l'« oncle » Ernst ne put trouver la clé du secrétaire et expliqua, quêtant leur approbation, que l'on ne pouvait pas lui demander de fracturer ce meuble précieux. Au reste, les projets de fuite de la famille lui inspiraient une profonde répugnance. C'est dans des situations comme celle-ci, proclamait-il, que l'on reconnaît la grandeur et la supériorité de la foi chrétienne. Car un chrétien convaincu porterait sa croix sans murmurer.

Konrad réprima sa fureur et sa déception devant ces échappatoires ; de son ton le plus résolu, il répéta qu'il avait besoin d'un manteau. En hésitant, l'« oncle » Ernst ouvrit son armoire à vêtements. Il ne possédait qu'un manteau, il en avait besoin lui-même, expliqua-t-il, mais il pouvait donner une veste à Konrad. Il choisit longtemps parmi une superbe collection de vestes et en tira finalement une, fort usée, de son cintre. Elle ne recouvrait que la moitié supérieure des vêtements de Konrad ; on n'en voyait que mieux, dépassant sous la veste, les jambes du pantalon et leurs taches de couleur.

Et l'autre manteau ? demanda Konrad en désignant un imperméable tout au fond de l'armoire. Celui-là, il ne pouvait malheureusement pas le donner, répliqua l'« oncle » Ernst, un ami commun, Werner Krumme, le lui avait confié quelques jours avant son arrestation. Et ce qu'un ami vous laissait à garder, Konrad le savait, c'était sacré. Konrad dissimula son amertume et fit semblant d'approuver. A coup sûr, l'*Aufbewahrier* Ernst savait aussi bien que Konrad que Werner Krumme ne réclamerait jamais plus son manteau.

Quand l'« oncle » Ernst revint discuter avec les parents, Konrad se glissa en cachette dans la pièce où se trouvait l'armoire, s'empara de l'imperméable, le roula et le fourra dans sa serviette.

Konrad et ses parents avaient depuis longtemps décidé qu'en aucun cas, ils ne plongeraient dans la clandestinité à Breslau. Le cas échéant, ils ne pourraient survivre que dans une ville peuplée de millions d'habitants, où aussi bien Manfred que Margarete avaient des parents. Mais avant de se mettre en route, ils devaient effectuer une série de préparatifs. Margarete proposa de chercher refuge, en attendant, chez Mme Scholz.

Mme Scholz avait lavé le linge des Latte quand il était encore permis aux « aryens » de travailler pour des juifs. Elle était liée à Margarete par une confiance établie depuis de longues années. Souvent, la blanchisseuse avait confié à sa patronne les interminables soucis que lui causaient son mari, un buveur, et ses quatre enfants. Dans les lettres de Margarete à son amie Raja, les souffrances de Mme Scholz étaient mentionnées avec une touchante régularité ; pour elle, Mme Scholz faisait partie des créatures dont elle sentait qu'elle devait assurer le bien-être. Elle était sûre que Mme Scholz donnerait abri à la famille.

Quand les trois fugitifs eurent gravi jusque sous le toit les escaliers de l'immeuble locatif, ils constatèrent que Mme Scholz n'habitait que dans une chambre-cuisine et une petite pièce attenante. Au premier regard, il semblait impossible qu'ils puissent s'y caser.

Mme Scholz les tranquillisa ; ils devaient d'abord s'asseoir, dit-elle, elle trouverait bien une solution.

Ainsi la famille se regroupa autour de la table de son ancienne blanchisseuse, délibérant sur ce qui allait suivre. D'abord, ils devaient changer de nom. A vrai dire, il n'était pas difficile de trouver parmi les millions de noms allemands, un nom de camouflage qui n'éveillât pas le soupçon. Mais dans leur émotion, les Latte jugeaient tous les noms susceptibles de les trahir ; les noms répandus leur semblaient suspects parce qu'ils étaient répandus, les noms rares parce qu'ils étaient rares. Après de longues hésitations, ils tombèrent d'accord sur le nom « Bauer ». Puis ils passèrent en revue les objets qu'ils avaient sur eux. La mère de Konrad n'avait mis dans ses poches, outre une livre d'orge perlée, que sa brosse à dents et une petite boîte à cigares où elle conservait ses tickets d'alimentation et ses somnifères. Elle avait même laissé son alliance dans la cuisine ; elle était en train de faire la vaisselle quand le cycliste était passé. Les tickets d'alimentation étaient de toute façon inutilisables ; sur chaque coupon était imprimé le « J » en gras et rouge. Le père de Konrad avait quatre cents marks et un exemplaire de la *Berliner Illustrirte* – ils ne purent s'empêcher de rire, tous les trois, quand ils virent leurs biens étalés devant eux sur la table.

Le lendemain, ils restèrent chez Mme Scholz. Une fois, Manfred Latte risqua une sortie et tomba droit sur le président de la communauté juive. La mine soucieuse, celui-ci regarda le père de Konrad et l'adjura de revenir avec sa famille dans les bâtiments administratifs du cimetière juif. Manfred Latte passa rapidement son chemin. Il savait ce que la fuite de sa famille signifiait pour le président. Quand un nom manquait sur la liste de la déportation, c'était à lui qu'il revenait de désigner une « famille de remplacement ».

Ils quittèrent le logis de Mme Scholz un jour plus tard, quand ils durent se présenter au centre de rassemblement pour la déportation. Une amie norvégienne munit la mère de Konrad d'une robe de deuil et lui donna quelques tickets d'alimentation. Konrad se procura un insigne du Front du travail avec la croix gammée et n'oublia pas d'emporter l'ampoule de cyanure. Pour finir, Manfred Latte écrivit une lettre au président de la communauté juive.

« Très honoré monsieur le docteur Kohn,

« les événements des dernières années et la perspective de ce qui arrivera encore nous ont précipités dans un désespoir si profond que nous avons décidé de quitter volontairement cette vie. Je vous prie par la présente d'informer la *Geheime Staatspolizei* de notre décision. Pour vous et votre famille, je forme les meilleurs vœux d'avenir... »

A la lettre étaient jointes les trois cartes d'identité de la famille.

Pour leur fuite à Berlin, ils ne choisirent pas le rapide, mais l'omnibus de nuit. Ils avaient entendu dire que ce tortillard qui s'arrêtait à presque toutes les gares, n'était que rarement contrôlé par les patrouilles de la Wehrmacht et de la police. Chaque compartiment avait des portes donnant sur l'extérieur, qui permettaient de descendre directement sur le quai. Quand le train entra en gare de Breslau, ils se séparèrent – chacun monta dans un compartiment différent. C'était le 1er mars 1943.

Le trajet vers Berlin sembla infiniment long à Konrad. Les joyeux passagers de son compartiment ne s'occupaient pas de lui et il ne se sentait pas enclin à engager la conversation avec eux. Chaque fois que le train entrait dans une gare, il souhaitait toutefois qu'ils fussent un peu moins bruyants. Il tendait avec effort l'oreille vers l'extérieur, s'attendant constamment à percevoir un bruit de bottes, de chiens hurlants. Dans le compartiment, il était de toute évidence le seul qui eût à redouter ce genre de bruits. A chaque nouveau démarrage du train, il éprouvait quelque chose comme un sentiment de bonheur. Certes, quand il songeait à sa situation, il n'avait aucune raison d'avoir confiance. Du moins, ses parents et lui avaient-ils évité la marche vers le lieu de la déportation. « Toujours une heure de gagnée », avait-il dit... Entre-temps, ils roulaient déjà depuis quelques heures.

« Vous pouvez déjà rester ici ! »

Quand le train entra dans la gare de Berlin-Zoo, la ville était en flammes. Dans la nuit, des bombardiers anglais avaient livré une attaque aérienne massive sur Berlin. L'air était plein de poussière et de particules de suie, une odeur de brûlé planait sur la ville. Dans les rues désertes roulaient des autopompes isolées, des piétons et des cyclistes allaient et venaient en hâte, il n'y avait ni taxis ni tramways.

Les Latte se rendirent à pied au domicile de la sœur de Manfred, Prager Platz. L'immeuble était intact, mais la porte de l'appartement était scellée. Les trois fugitifs savaient ce que le sceau signifiait. Les habitants avaient été emmenés par la Gestapo. Konrad et ses parents ne savaient plus où loger, où manger, où dormir. Dans leur détresse, la mère de Konrad téléphona à une de ses connaissances en Poméranie : Ursula Teichmann. Elle promit de venir aussitôt, mais ne pouvait pas, il est vrai, dire à l'avance quand elle arriverait à Berlin, on ne pouvait plus se fier aux horaires des trains. Le lendemain matin, Mme Teichmann débarqua à la gare de Berlin-Zoo avec un sac à dos plein de pommes de terre et de victuailles, et un numéro de téléphone qui se révéla salvateur.

Pour le moment, la famille devait quand même loger quelque part. La mère de Konrad avait l'adresse d'un cousin à Berlin-Schöneberg. Curt Weiss fut désespéré quand il vit ses parents de Breslau sur le pas de sa porte. Avec la meilleure volonté, il ne pouvait pas les recevoir chez lui tous les trois. Comme Werner Krumme, il avait contracté ce que l'on appelait un mariage mixte, sa femme Gertrud était « aryenne » et il était lui-même en grand danger.

A peine quelques jours auparavant, il avait été arrêté par la Gestapo lors de la *Fabrikaktion*, « l'action fabriques ».

La *Fabrikaktion* était une invention du ministère national-socialiste de la Propagande. L'ambition de Goebbels était de pouvoir déclarer pour l'anniversaire du Führer, le 20 avril 1943, que Berlin était définitivement *judenfrei*, exempte de juifs. Les époux juifs, jusque-là épargnés, de femmes « aryennes », devaient aussi être déportés hors de la capitale du Reich millénaire. Il dépêcha la Gestapo pour arrêter les derniers juifs de Berlin dans leurs ateliers, fabriques et domiciles. Et il en fut ainsi. Sous les yeux de leurs collègues aryens, mille sept cents époux juifs de femmes « allemandes » furent arrêtés sur leur lieu de travail et incarcérés Rosenstrasse.

Le ministère de la Propagande se heurta à de la résistance, et même une sorte de résistance à laquelle il ne trouva pas de riposte.

Les épouses des hommes incarcérés se donnèrent rendez-vous devant le dépôt central et exigèrent la libération immédiate de leurs maris. Pendant une semaine, plus de mille femmes manifestèrent dans la Rosenstrasse, bloquèrent l'accès au dépôt et ne bougèrent pas de la place. Goebbels et ses sbires n'avaient encore jamais affronté une telle rébellion. Ils ne savaient plus que faire. Sur une manifestation d'hommes allemands, ils auraient vraisemblablement ouvert le feu, mais tirer sur des femmes allemandes ? A la fin, tous les hommes arrêtés furent relâchés. Ce fut la seule protestation de quelque importance contre la persécution des juifs en douze années de dictature nazie.

Curt Weiss lui aussi avait été incarcéré Rosenstrasse et ensuite relâché. Naturellement, sa femme et lui devaient s'attendre d'un jour à l'autre à une visite de la Gestapo. Il ne pouvait absolument pas héberger ses trois parents de Breslau. Mais il connaissait une jeune comédienne appelée Ursula Meissner, la fille d'un ami, qui habitait seule le grand appartement de ses parents au Prenzlauer Berg.

La jeune fille de vingt ans, qui jouait au Théâtre national de Prusse dirigé par Gustaf Gründgens[1], n'hésita pas un instant quand elle ouvrit la porte aux Latte. « Vous pouvez déjà rester ici ! » dit-elle en les accueillant tous les trois.

Elle ne dit pas « l'un de vous peut rester », ou « vous pouvez rester deux jours », ou « vous pouvez rester deux semaines tout au plus ». Elle ne posa aucune condition.

« Ce fut la première et la dernière fois », se rappelle Konrad Latte, « que nous avons goûté le luxe de pouvoir nous cacher tous les trois sous un même toit. Plus tard, nous n'avons plus osé attendre cela de personne, nous nous sommes séparés. »

1. Célèbre comédien allemand, qui fut un sympathisant des nazis. Il fut un temps le mari d'Erika Mann, la fille de Thomas Mann, et Klaus Mann, le frère d'Erika, a fait de lui un portrait très dur dans son roman *Mephisto*.

Quand j'ai demandé à cette femme de soixante-dix-huit ans, qui vit à Genève avec son époux, l'ancien ambassadeur de Grèce Calogeras, pourquoi elle avait donné refuge à une famille menacée qu'elle ne connaissait pas, elle répondit, étonnée : « Mais c'était tout naturel ! » Était-elle consciente du danger qu'elle courait ? « Je n'ai pas pensé aux risques », répondit Mme Meissner. Non, elle n'a jamais eu de contact avec un mouvement de résistance, ni alors, ni plus tard. « Malheureusement ! » ajouta-t-elle. « Peut-être étais-je trop insignifiante, ou tout simplement trop jeune, j'avais toujours l'air plus jeune que mon âge. »

La spontanéité et l'imprudence dont fit preuve Mme Meissner en offrant son aide aux Latte peuvent stupéfier. Et naturellement cela suscite des doutes et des questions chez tous ceux qui, dans de telles circonstances, ont fermé leur porte. Comment pouvait-on être aussi naïf ? Ursula Meissner n'était-elle pas informée des dangers auxquels elle s'exposait ? Devait-elle quelque chose à Curt Weiss ?

Comment quelqu'un en arrive-t-il à risquer sa vie et sa liberté pour des gens menacés qu'il ne connaît même pas ?

Entre-temps, cette question a donné lieu à

des montagnes d'enquêtes sociologiques, psychologiques, anthropologiques. Qu'est-ce qui rend certains êtres capables d'agir contre l'instinct le plus fort, l'instinct de conservation ? Souffrent-ils d'un déséquilibre ? Sont-ils des saints ? Sont-ils particulièrement naïfs, particulièrement endoctrinés ou un peu fêlés ?

A la plupart des explications fournies pour ce comportement énigmatique, manque l'élément décisif. Ce que m'a dit Mme Meissner ne se distingue pas le moins du monde de la réponse qu'ont donnée des centaines d'autres sauveteurs : il y avait là quelqu'un qui avait besoin d'aide ; les risques, on y a réfléchi après coup. Très rares, parmi ceux qui ont aidé les juifs, sont ceux qui ont pris plus tard l'initiative de raconter leurs interventions, et moins encore leur participation à la résistance. Miep von Santen, connue par le *Journal* d'Anne Frank, avouera : « Je n'ai rien de particulier. Je ne voulais pas me placer sous les feux de la rampe. J'ai fait seulement ce que l'on me demandait et ce qui me paraissait chaque fois nécessaire. » Ce n'est en aucun cas l'aveuglement devant les risques qui a rendu Miep von Santen et d'autres capables de secourir leur prochain. Ils ont vu d'abord la détresse des gens menacés, et ensuite seulement le danger qu'ils couraient eux-mêmes en offrant de les aider. Aucun d'entre eux ne s'est sciemment résigné à perdre la vie. Mais tous, ils furent spontanément prêts, par compassion et aussi par respect envers eux-mêmes, à assumer un risque qu'ensuite ils essayaient de limiter autant que possible. « On veut pouvoir encore se regarder dans la glace le lendemain », expliqua Mme Meissner.

Dans une lettre à l'auteur, Ursula Meissner a ainsi résumé ses motifs : « J'étais allemande. Ce qui se passait dans mon pays au temps de Hitler m'a remplie d'une honte très, très, très profonde. Je ne pouvais pas y remédier, mais je n'étais pas forcée d'être complice... Tout châtiment éventuel aurait glissé sur moi comme de l'eau sur les plumes d'un oiseau, car je savais que j'avais agi comme il le fallait. »

Mme Meissner considérait qu'il allait de soi de rester, même pendant les bombardements, dans son appartement avec ses protégés, contrairement aux prescriptions. Dans la cave qui servait d'abri antiaérien, ses « hôtes » auraient été trop remarqués.

L'attitude courageuse d'Ursula Meissner devant le risque avait une préhistoire. A l'école, déjà, elle avait dénié tout respect aux professeurs nazis et repoussé leurs offres. Dans sa classe, elle avait été la seule à refuser d'entrer dans le *Bund Deutscher Mädel*, l'Union des filles allemandes. Ses professeurs en étaient d'autant plus affectés qu'Ursula Meissner était une excellente sportive. Quand le directeur lui demanda les raisons de son refus, elle répondit : « Ça ne me plaît pas. » A la propre stupéfaction d'Ursula, il se contenta de cette réponse laconique. Toutefois, l'écolière consciente de soi n'aurait guère pu se permettre cette insolence et quelques autres, si elle n'avait pas été sûre du soutien de ses parents. Pour sa confirmation, un ami juif de son père lui avait envoyé le *Knaurs Weltlexikon*[1]. Le libraire était un délateur et avait averti la Gestapo que la famille se faisait expédier des livres par un juif. Le père d'Ursula se vit rapidement mis en demeure par ses supérieurs de renvoyer le cadeau. Le père, un fonctionnaire prussien, refusa, ce qui fut noté dans son dossier personnel. Mais hormis cette réprimande, son indiscipline n'eut pas de conséquences.

Toutefois, la jeune Ursula Meissner savait aussi qu'avec son attitude de refus, elle marchait sur la corde raide. Un demi-frère de son père avait été envoyé dans un camp de concentra-

1. Encyclopédie assez simple, très répandue.

tion parce qu'il avait « ouvert trop grand sa gueule ».

Le logement de la Schivelbeiner Strasse fut, pour la famille Latte, la première étape de leur vie dans la clandestinité. Pendant un moment, ils purent se nourrir des vivres qu'Ursula Teichmann avait apportés dans son sac à dos. Plus tard, ils en furent totalement réduits à la générosité de leur « logeuse ».

Ursula Meissner avait présenté ses trois hôtes comme des « amis dont la maison avait été détruite par les bombardements ». Les bruits de l'appartement étaient épiés par les voisins intéressés, ceux du dessus comme ceux du dessous. Et ce genre de voisins n'était pas rare. Mieux valait aussi éviter que les « clandestins », encore inhabiles, « émergent » trop souvent et quittent leur logis au grand jour. Ursula Meissner n'attendit pas bien longtemps avant de se faire interpeller par une autre habitante de l'immeuble : « Vos amis bombardés ont l'air passablement juifs ! » Pour la famille Latte, cette remarque lancée sur le palier fut le signal de la disparition immédiate. D'une heure à l'autre, ils se retrouvèrent tous les trois réduits à demander l'aide d'un autre inconnu : le pasteur Harald Poelchau, dont leur amie du Mecklembourg leur avait laissé le numéro de téléphone.

Harald Poelchau et sa « boutique » dans la prison de Berlin-Tegel

Mme Teichmann avait expressément recommandé aux trois fugitifs de se présenter en disant « Bauer » quand ils auraient composé le numéro, et de ne continuer à parler que si la voix à l'autre bout du fil répondait « Tegel ».

Le nom de guerre « Tegel » leur parut tout d'abord absurde. Comment pourrait-il servir de camouflage à un homme qui faisait office de pasteur dans la prison nazie du même nom? Mais là était précisément la ruse bien réfléchie de Poelchau. Il spéculait sur le fait que justement le nom le plus utilisé dans la prison de Tegel offrait la meilleure protection. Que pourrait en déduire un écouteur de la Gestapo, si l'aumônier de la prison se présentait, au lieu de son propre nom, par celui de l'institution qui l'employait?

Le père de Konrad composa le numéro. « Tegel », fit une calme voix masculine, et elle fixa aussitôt un rendez-vous. Quand « Tegel » lui donna l'adresse, Manfred Latte sentit la terreur le glacer : la prison de Tegel. Il devait dire au portier qu'il était convoqué par le pasteur Poelchau, lui indiqua « Tegel », le portier le laisserait entrer sans problème.

Le cœur de Konrad battait jusque dans sa gorge quand ils se trouvèrent à l'entrée de l'énorme bâtiment de la prison. Il n'y avait pas bien longtemps qu'il avait quitté à grand-peine un bâtiment semblable, toutefois de dimensions plus modestes. N'avait-on réellement pas besoin de présenter une carte d'identité pour être introduit ici ? Et sortirait-on jamais de cette forteresse ?

Mais tout se déroula exactement comme « Tegel » l'avait dit. Le portier trouva le nom de Bauer sur la liste, il ouvrit la première porte de sûreté, puis la seconde, et ils furent dans les murs.

Le bureau du pasteur était situé à environ trois cents mètres du portail, dans un bâtiment intérieur du gigantesque complexe, et il était également protégé par des portes blindées et des grilles. « Un endroit particulièrement favorable à ce genre de conversations », remarque Harald Poelchau dans ses cahiers inédits *Helfen verboten!* « Défense d'aider ! ». La plupart des

« illégaux » qu'il y recevait souffraient du sentiment d'être traqués et surveillés. Mais dans le bureau de Poelchau, derrière les murs de la prison, ils étaient protégés de tout compagnon non désiré. Ne passait la porte que celui qui avait rendez-vous et dont le nom avait été déposé auprès du portier par le pasteur.

Le courage et l'insouciance de Poelchau paraissent aujourd'hui presque inconcevables. Tegel était la prison où les autorités nazies détenaient leurs adversaires condamnés à mort jusqu'au jour de l'exécution. En même temps, dans la « boutique » de Poelchau, comme il appelait tendrement son bureau, des hommes persécutés entraient et sortaient, que le pasteur pourvoyait en cartes d'alimentation, argent, adresses et petits travaux.

Konrad Latte se rappelle la sentence qui était fixée au mur de la « boutique » de Poelchau : « Le Führer ne fume pas, le Führer ne boit pas, le Führer travaille de l'aube au soir pour le bien du peuple allemand. Imitons-le en ce que nous pouvons imiter de lui ! »

Poelchau lui non plus ne fumait ni ne buvait, mais il fit aussitôt comprendre aux trois fugitifs ce qu'il entendait, lui, par « le bien du peuple allemand ». Il les munit d'argent et, ce qui était encore plus important, de tickets d'alimentation collectés auprès de personnes qui partageaient ses opinions. Sans tickets d'alimentation, en cette année de guerre 1943, on ne pouvait même pas se procurer un morceau de pain ou un peu de matière grasse.

Harald Poelchau est l'une des figures les plus fascinantes de la résistance civile. En 1933, l'année où Adolf Hitler s'empara du pouvoir, il venait de prendre ses fonctions d'aumônier de prison dans la maison d'arrêt de Tegel, et il y resta jusqu'à la fin du « Reich millénaire ». En tant qu'aumônier de cette prison, il entra dès le début en contact avec presque tous les combattants de la résistance et il connaissait bien plus exactement que la plupart des Allemands la face meurtrière du régime. Au cours de sa période d'exercice, il a accompagné dans leurs derniers moments plus de mille prisonniers politiques.

Comme ministre du culte, il jouissait d'une relative intangibilité, qu'il mit résolument à profit. Il ne s'occupait pas seulement du salut de l'âme, mais aussi du bien-être corporel de ses protégés dans les cellules. Il y apparaissait la plupart du temps les poches pleines et muni d'un porte-documents d'où il extrayait non seulement des vivres, mais aussi des messages de parents et d'autres prisonniers, détenus à cause de leurs opinions politiques. Une fois, il fut dénoncé. Dès lors, il renonça à son porte-documents et cacha saucisses, fromage, œufs et miel dans sa veste, entre le tissu et la doublure.

Même dans l'appartement de deux pièces et demie, Afrikanische Strasse, où Harald Poelchau vivait avec sa femme et son fils Harald, des persécutés ne cessaient d'entrer et sortir. Quand ils se présentaient avec une recommandation fiable, comme c'était le cas de la famille Latte, le pasteur n'hésitait pas à leur donner des conseils. Mais s'ils se recommandaient de quelqu'un que Poelchau ne connaissait pas ? S'il devait soupçonner en eux des espions de la Gestapo qui, à la suite d'une erreur ou d'une trahison, avaient eu connaissance de l'aide qu'il apportait aux persécutés chaque fois qu'il le pouvait ?

Harald Poelchau s'en remettait à son instinct. Il a parfois donné abri à des gens qui venaient de la part « d'amis communs » dont il n'avait jamais entendu parler. S'il était persuadé de leur situation de détresse, il les hébergeait même pour une nuit ou deux dans son appartement. Le problème principal, dans ces cas d'urgence, étaient les attaques aériennes qui forçaient tout le monde, même les clandestins, à se rendre dans les caves. Dans chaque immeuble il y avait un délégué de la défense passive, qui était autorisé à contrôler les appartements. Celui qui restait chez lui quand les sirènes avaient sonné l'alerte était passible d'une contravention ; les logements devaient demeurer accessibles et ne pas être fermés à clé. Pour parer à de fâcheuses découvertes, le pasteur Poelchau s'était fait nommer délégué de la défense passive dans son escalier. Ainsi personne n'avait le droit d'entrer chez lui quand les sirènes de l'alerte avaient retenti.

Poelchau est décrit par les témoins survivants de ce temps comme un homme d'action à la pensée pragmatique, l'esprit d'une sérénité mozartienne. « Ce qui était merveilleux chez Poelchau », dit Konrad Latte, « c'était qu'il n'avait rien en lui de sacerdotal. » En cas de nécessité, Poelchau était aussi capable de déployer des énergies résolument criminelles.

Pour sauver son ami condamné à mort, le comte Helmuth James von Moltke, Poelchau projeta de faire fabriquer un cercueil à la menuiserie de la prison et de sortir ainsi son ami en fraude. Ce projet hardi échoua seulement parce que le comte dépassait d'une tête ses contemporains et qu'un cercueil d'une longueur correspondante aurait inévitablement attiré l'attention. Poelchau ne réussit pas à trouver un logement adéquat, dans son réseau de soutiens largement ramifié, pour son ami trop long. Que ce pasteur, qui transgressait sans cesse « les lois » au nom de la charité, ait survécu indemne au IIIe Reich, cela touche au miracle. Avec sa femme Dorothee et sa collaboratrice Gertie Siemsen, Poelchau a sauvé de la mort Konrad et de nombreux persécutés ; pour des douzaines d'autres qu'il ne put sauver, il a été un ami et a mis en jeu sa liberté et sa vie afin de soulager leur sort.

Aussi expérimenté qu'il fût, Poelchau a dû se trouver décontenancé quand les trois « sous-marins » émergèrent dans son bureau et exposèrent leur demande. Ils avaient besoin de tout et immédiatement : pain, refuge, travail.

« Loger une famille de trois personnes », écrit Poelchau dans ses cahiers, « était difficile, voire impossible, surtout quand elle comprenait deux hommes, qui certes étaient très recherchés comme main-d'œuvre, en cette époque, mais ne pouvaient éviter de se faire aussitôt remarquer, parce que tous les hommes, ou bien étaient mobilisés, ou avaient reçu de la Wehrmacht des papiers valables. Le père n'était plus jeune, mais d'une bonne volonté touchante et prêt à accepter même des tâches entièrement nouvelles pour lui. »

Tout d'abord, Poelchau fit comprendre à ses quémandeurs qu'ils devaient se séparer. Ils n'avaient de chance de s'en tirer qu'isolément. Ensuite il les pourvut de ce qui était essentiel pour la survie : des adresses de logements temporaires et du travail.

Il casa Manfred Latte, grâce à l'intercession d'un prisonnier, comme coéquipier du chauffeur dans un commerce de glace. Le savant juriste était le plus âgé et le plus novice parmi ses nouveaux « collègues », et voilà qu'il devait maintenant transporter des blocs de glace. Les autres avaient des protections de caoutchouc et de cuir sur les épaules. Faute d'un tel équipement, il ne resta pas d'autre solution au père de Konrad que de porter la glace à même les épaules. Il le fit jusqu'à ce que son rhumatisme lui rendît ce travail impossible. Poelchau persuada des amis de l'engager comme jardinier.

Le pasteur put placer la mère de Konrad comme femme de ménage. Il connaissait des familles auxquelles il pouvait signaler la détresse d'un de ses protégés sans en désigner plus précisément les causes. L'accord conclu avec les familles consistait en ceci : elles hébergeraient la mère de Konrad pendant certaines nuits fixées et le jour suivant, elles l'emploieraient comme femme de ménage et la nourriraient.

« Mais le fils ! » écrit Harald Poelchau. « Il avait tellement l'air juif que nous nous sommes dit en plaisantant qu'avec lui, on pourrait en fabriquer sept tout entiers. Toutes les tentatives pour l'"aryaniser" grâce à un autre chapeau ou quelque chose de ce genre, échouèrent désespérément. Il était musicien, non seulement de l'extérieur et par hasard, mais par don, je voudrais presque dire par vocation. Il ne me restait pas d'autre possibilité de le caser, je le compris d'emblée, que dans ce domaine. »

Pour Konrad, commença un temps d'errance constante, une nuit ici, trois nuits là-bas.

Où, et chez combien de protecteurs, il a passé les nuits grâce à l'entremise de Poelchau et de Gertie Siemens, Konrad ne peut plus le dire avec certitude. Cela se comptait par douzaines. Mais il y avait quelque chose d'autre encore qui le protégeait : une étrange énergie intérieure – appelons-la le génie artistique de Konrad.

La vie dans l'illégalité n'était pas seulement misérable et usante pour les nerfs, au futur artiste Konrad, elle paraissait aussi épouvantablement vide. Konrad se sentait appelé à être musicien et était décidé à utiliser son talent et à le développer. « On ne pouvait quand même pas laisser le temps passer ainsi », déclare l'octogénaire. « Rester tout simplement suspendu dans l'espace et ne même pas savoir où l'on est, ce n'était pas mon affaire. Il fallait bien s'employer à quelque chose ! »

Aux alentours de la Gedächtniskirche, une affiche lui sauta aux yeux. Elle annonçait le programme des concerts régulièrement donnés le mercredi par Walter Drwensky. Pendant une répétition du célèbre organiste, Konrad entra dans l'église vide et écouta. Quand le silence se fit, il monta à la tribune d'orgue et expliqua carrément à Drwensky qu'il voulait prendre des leçons avec lui. Drwensky, stupéfait, lui demanda sans hostilité d'attendre un instant, il devait d'abord donner rapidement un coup de téléphone. Tandis qu'il se rendait dans son bureau, Konrad s'assit au clavier et se lança dans l'une des œuvres les plus difficiles de son répertoire pour orgue. Il ne remarqua pas que Drwensky était revenu depuis un moment et était resté debout derrière lui avant de l'interrompre. Konrad devait abandonner l'idée de prendre des leçons, dit Drwensky, au contraire, c'était lui, Konrad, qui allait être immédiatement surchargé de commandes. Les hommes étaient rares à Berlin, et en particulier les organistes ; lui, Drwensky, il devait s'occuper d'une centaine d'églises orphelines. Et déjà il établissait pour Konrad un plan détaillé, lui nommait les orgues sur lesquels il aurait à jouer.

Le premier instrument que tint Konrad dans sa nouvelle fonction d'organiste auxiliaire fut celui du crématorium de la Gerichtsstrasse, à Berlin-Wedding. Le travail commençait le matin à huit heures et se prolongeait souvent le soir tard. Chaque jour, avec accompagnement à l'orgue par Konrad, on célébrait une à deux douzaines de funérailles ; par cérémonie, l'organiste gagnait un reichsmark et demi. Le travail n'était pas très varié, car on lui demandait la plupart du temps le même morceau : le *Largo* de Haendel. Par chance, le crématorium mettait une petite chambre à sa disposition, où il pouvait entre-temps écrire des lettres ou lire. Toutes les vingt minutes, une sonnette l'appelait à ses fonctions. Alors il se rendait dans la nef, s'asseyait sur le banc d'orgue, jouait la scie de Haendel, attendait le discours funèbre et, en appuyant sur un bouton, envoyait par le fond le prochain cercueil : à la fin, il avait l'impression de voir disparaître toujours le même cercueil.

A partir de ce contact, il eut vite d'autres engagements. En peu de temps, Konrad devint un organiste auxiliaire très occupé dans les grandes églises protestantes de Berlin. Quittant le banc d'orgue du crématorium de Wedding il se précipitait dans la Gedächtniskirche près du Zoo, de là à la Jesus-Christus-Kirche et à la Sankt-Annen-Kirche de Dahlem, où il assurait l'accompagnement musical des services religieux d'intercession de la *Bekennende Kirche*[1], « Église confessante », opposée au régime. Les cultes à Berlin, dit Konrad non sans ironie, « n'étaient plus concevables sans moi. Les pasteurs devaient programmer leurs prêches selon mon emploi du temps, afin que je puisse prendre le "bon" tramway jusqu'à la prochaine église ».

Parfois, ses rendez-vous étaient si étroitement rapprochés qu'il arrivait après le commencement de l'office. Un jour, il ne put s'en tirer qu'en priant son père de le remplacer. Manfred Latte était un bon pianiste, mais il ne s'y connaissait guère en orgue. Quand Konrad entra dans la Gedächtniskirche avec dix minutes de retard, il entendit le dialogue qui se déroulait entre l'autel et la tribune de l'orgue et comprit aussitôt qu'une catastrophe menaçait. « Nous chantons maintenant le choral 737 », répétait à plusieurs reprises le pasteur Jacoby en élevant la

---

1. Fondée par une minorité protestante en 1934, par opposition à la *Reichskirche*, l'« église du Reich ». Son inspirateur, le pasteur Niemöller, a été déporté à Dachau en 1937. Elle eut un rayonnement incontestable.

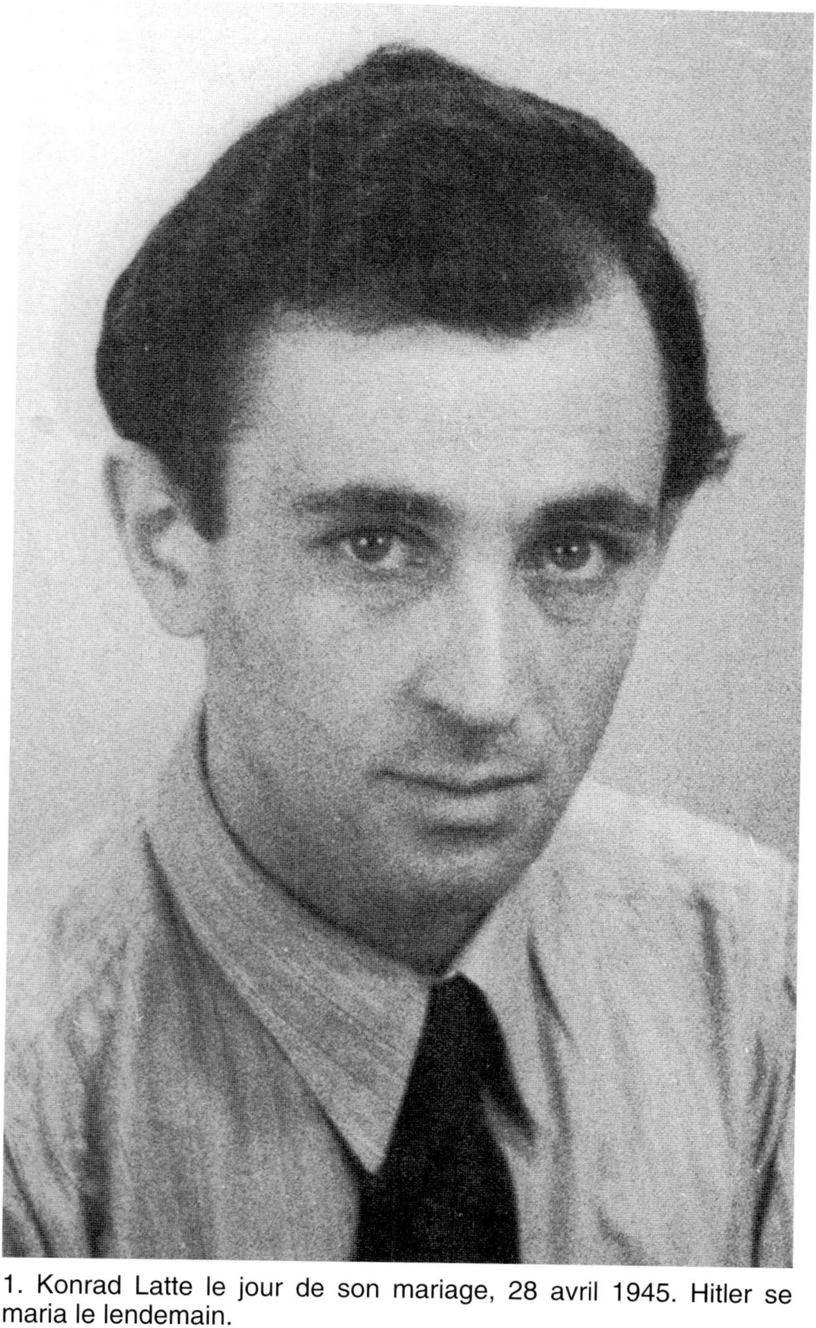

1. Konrad Latte le jour de son mariage, 28 avril 1945. Hitler se maria le lendemain.

2. Gabi et Konrad Latte avec la poupée Lisel à Breslau, vers 1930.

3. Margarete, Gabi et Konrad Latte, vers 1937.

4. Gabi Latte et Anita Lasker pendant une excursion effectuée avec sa classe, vers 1935.

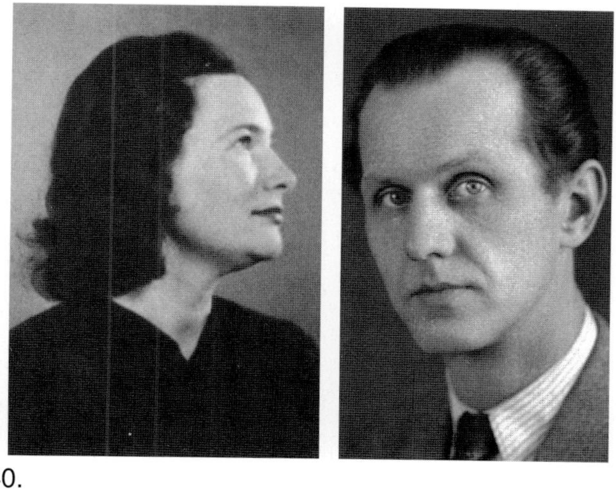

5. Ruth et Werner Krumme, vers 1940.

6. Margarete et Manfred Latte après la mort de leur fille Gabi, 1939, à Berlin.

7. Curt et Gertrud Weiss avec leur fils Klaus.

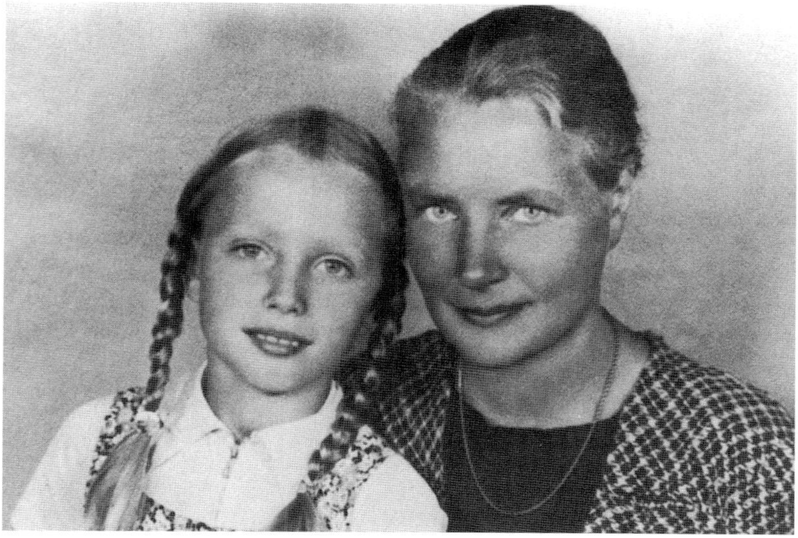

8. Ursula Teichmann et sa fille Ulrike.

9. Ludwig Lichtwitz avec son neveu Heinz, vers 1936.

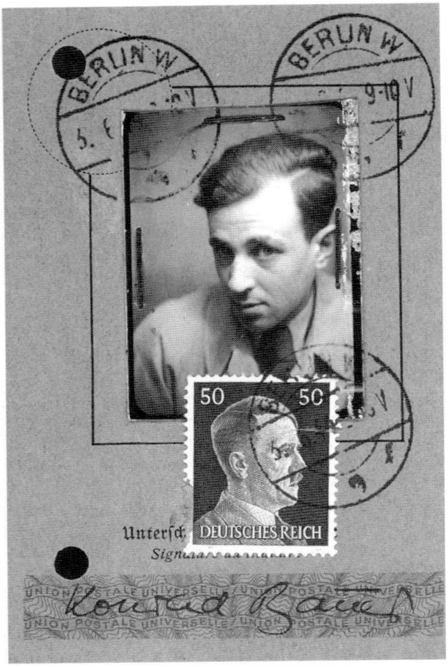

10. La carte d'identité postale de Konrad Latte, année 1944.

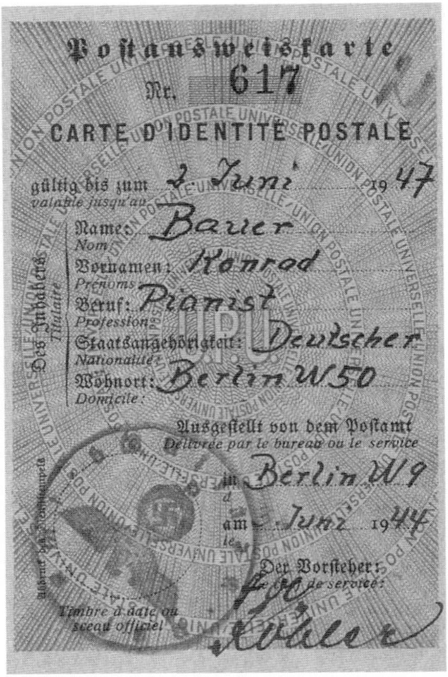

Postausweiskarte
Nr. 617
CARTE D'IDENTITE POSTALE
gültig bis zum 2. Juni 1947
valable jusqu'au
Des Inhabers / Titulaire
Names: Bauer
Nom
Vornamen: Konrad
Prénoms
Beruf: Pianist
Profession
Staatsangehörigkeit: Deutscher
Nationalité
Wohnort: Berlin W 50
Domicile
Ausgestellt von dem Postamt
Délivrée par le bureau ou le service
in Berlin W 9
à
am 2. Juni 1944
le
Der Vorsteher:
Le chef de service:
Timbre à date ou sceau officiel

11. Ursula Meissner, comédienne au Théâtre national de Prusse à Berlin.

12. Edwin Fischer, l'un des pianistes les plus célèbres de son temps.

13. Le compositeur Gottfried von Einem.

14. Tatiana Gsovsky, danseuse et chorégraphe.

15. Harald Poelchau, aumônier de la prison de Berlin-Tegel.

16. Gertie Siemsen, collaboratrice de Harald Poelchau.

17. Anne-Lise Harich et sa fille Gisela, 1943.

18. Leo Borchard, premier chef d'orchestre du Philharmonique de Berlin après 1945. Il reconstitua l'orchestre après la guerre.

19. Ruth Andreas-Friedrich, auteur du livre *Der Schattenmann* et compagne de Leo Borchard.

20. Karl Pehl, prêtre de la cathédrale de Francfort, vers 1943.

21. La soprano Ellen Brockmann, 1942.

22. Ellen et Konrad Latte aujourd'hui dans leur maison de Berlin.

voix. Le père de Konrad ne trouvait ni les bonnes partitions ni les bonnes pédales. Konrad fut renvoyé.

En ce temps-là, les clandestins dispersés entretenaient surtout des contacts par téléphone. Ils se rencontraient à la fin de la semaine, quand leurs obligations le permettaient, dans l'une ou l'autre auberge et commandaient l'unique plat « sans tickets » que chaque restaurant devait tenir prêt – une soupe. Quand l'un d'entre eux arrivait en retard ou pas du tout, ils s'attendaient toujours au pire. Le 24 août, jour anniversaire de Margarete, les deux hommes attendirent en vain celle qu'ils voulaient fêter. Il apparut que c'était une fois de plus la S-Bahn[1] qui avait défailli.

---

1. Sorte de métro aérien qui dessert tout Berlin.

On demande professeurs pour élève clandestin

Ces remplacements aux orgues du crématorium et des églises ne suffisaient pas à Konrad. Il voulait continuer à se former et se perfectionner dans son métier de musicien. Sa vie dans la clandestinité berlinoise prit ainsi un tournant insolite. En plein milieu de la guerre, sous les yeux des sbires nazis qui passaient la ville au peigne fin à la recherche des derniers juifs, le jeune Konrad se mit en quête d'un maître auprès duquel il pourrait faire son apprentissage.

Après coup, le nombre des chemins parcourus chaque jour par Konrad en tramway, métro ou S-Bahn, paraissent à peine croyables. En l'année de guerre 1943, tous les civils de sexe masculin en âge de servir devaient s'attendre à tomber sur un contrôle. Hormis la croix gammée à son revers, Konrad n'avait rien d'autre en poche qu'une carte d'identité postale sans valeur ; à cela s'ajoutait le double d'une lettre recommandée rédigée par lui et renouvelée tous les quinze jours, adressée au commandement du district militaire de Berlin-Schöneberg, accompagnée chaque fois du dernier reçu de la poste. Il y déclarait régulièrement que son domicile avait été bombardé, que ses papiers militaires avaient brûlé, il priait instamment et une fois de plus qu'on lui délivre des papiers de remplacement.

Ruth Andreas-Friedrich, la mère de Karin Friedrich déjà mentionnée, a décrit dans ses journaux (*Der Schattenmann*, « L'homme de l'ombre ») le jeune homme de Breslau comme un « casse-cou ». Konrad Latte lui-même se défend énergiquement contre cette étiquette. Ce qui le poussait alors, et finalement l'a peut-être aussi protégé, ce n'était nullement l'audace et le goût de l'aventure. Mais sa volonté de se perfectionner dans son métier était plus forte que la crainte d'être repris par ses poursuivants, et c'était cette résolution qui l'obligeait à se déplacer plusieurs fois par jour à travers tout Berlin. Qu'un jeune juif, dans Berlin devenue entre-temps presque *judenfrei*, puisse s'accorder cette liberté, cela dépassait l'imagination des sbires de la Gestapo.

Le premier à qui il s'adressa, les jours qui suivirent son arrivée à Berlin, fut tout de suite le plus célèbre de tous les professeurs imaginables : le pianiste Edwin Fischer. Konrad, lors d'une de ses soirées interdites au concert, l'avait entendu jouer à Breslau avec le Philharmonique de Berlin, et il avait été enthousiasmé. Mais en ce temps-là il n'aurait pas osé, même en rêve, s'approcher de Fischer et le prier de le prendre comme élève. Depuis, il n'avait pas seulement vieilli de quelques années ; il était un clandestin, à qui il ne restait aucun moyen, sans enfreindre les règles de la bienséance, de gagner à sa cause un homme comme Edwin Fischer et d'en faire son professeur.

Un soir où Fischer répétait avec l'Orchestre Philharmonique de Berlin, Konrad se dirigea vers l'entrée de la scène. Le portier le laissa passer sans lui poser de question – sans doute prenait-il Konrad, qui portait toujours ses vêtements de Breslau tachés de peinture, pour un ouvrier. Il erra un moment dans les couloirs déserts. De loin, il entendait les musiciens de l'orchestre accorder leurs instruments et exécuter quelque trait. Quand enfin, sur l'indication d'un employé, il atteignit la porte qu'il cherchait, il eut d'abord le souffle coupé. Il était sur le point de pénétrer dans le saint des saints de la musique allemande – l'atelier d'artiste de la Philharmonie de Berlin. Naturellement, rien ne laissait prévoir la manière dont Fischer réagirait devant cette intrusion. Konrad savait dans le moindre détail comment le pianiste interprétait Bach et Mozart. Mais les grands artistes, il l'avait appris à Breslau, peuvent aussi être de grands lâches. Sur l'homme Fischer, Konrad savait seulement qu'il était suisse et qu'il avait épousé en premières noces une Mme von Mendelssohn. Un tel homme ne pouvait pas être habité par un antisémitisme excessif, se disait Konrad. Il frappa à la porte et ouvrit en murmurant une excuse. Fischer, qui était visiblement sur le point de se rendre à la répétition, fit entrer dans sa loge, sans plus de façon, l'insolite visiteur habillé comme un peintre en bâtiment.

Quand il regarda dans les yeux le pianiste à la puissante crinière et au visage ridé comme un Indien, Konrad décida d'abattre toutes ses cartes. Il avoua sans détour à Fischer qui il était et ce qu'il voulait. L'homme célèbre sembla comprendre aussitôt qu'il était en face d'un jeune homme qu'avaient poussé vers lui à la fois les sbires nazis et l'amour de la musique. Spontanément, il invita Konrad à se rendre le lendemain au concert de la Philharmonie.

Konrad lui expliqua qu'il ne pourrait absolument pas se montrer à la Philharmonie avec la défroque de peintre dans laquelle il s'était présenté à Fischer : il n'avait tout simplement rien d'autre à se mettre. « Alors, bon », dit Fischer, « attendez dans la rue après le concert, je viendrai vers vous. »

Quand Konrad, le lendemain, arriva à l'endroit convenu, il s'attendait à ce que Fischer l'ait oublié depuis longtemps. Il le voyait debout devant la sortie, parmi ses nombreux admirateurs. Chacun le pressait pour lui arracher quelque chose en toute hâte : un autographe, un compliment, une invitation. Mais soudain, l'homme ainsi idolâtré s'arracha à la foule, marcha tout droit vers le « compagnon peintre » qui l'attendait dans l'ombre, le salua et lui glissa une enveloppe dans la main. « Téléphonez-moi ! » dit encore Fischer, et il griffonna son numéro sur l'enveloppe.

Plus tard, quand Konrad ouvrit l'enveloppe, il y trouva un billet de cent marks et une quantité de tickets d'alimentation. Mais le cadeau le plus important pour lui, c'était le numéro inscrit sur l'enveloppe. Konrad prit sa première leçon de piano à Berlin avec le dieu de ses années de jeunesse, avec Edwin Fischer.

En même temps, il poursuivait ses activités d'organiste auxiliaire. A la Sankt-Annen-Kirche, il fit la connaissance d'Ursula Reuber. L'attirante jeune femme était assise dans la tribune de l'orgue et sténographiait fiévreusement les paroles du pasteur. Konrad la prit d'abord pour une informatrice de la Gestapo. Quelle autre raison aurait-on pour prendre tout le temps des notes dans cette église ? Ce qui se déroulait dans la Sankt-Annen-Kirche en l'année de guerre 1943, et dans la Jesus-Christus-Kirche voisine, était un motif d'irritation pour les autorités religieuses et du *Reichskirchenministerium*, le ministère des Cultes.

Depuis le 1er juillet 1937, où avait été arrêté Martin Niemöller, le directeur charismatique de la communauté, avaient lieu soir après soir des cultes d'intercession très fréquentés. Malgré les menaces et l'arrestation de nombreux pasteurs de la communauté, que d'autres remplaçaient aussitôt, ces cultes furent poursuivis jusqu'à la fin du IIIe Reich. Les pasteurs de « l'Église confessante » lisaient chaque fois les noms des dernières personnes arrêtées par le régime nazi et les incluaient dans la prière de la communauté. Parfois, les listes d'intercession étaient modifiées pendant le service religieux, parce que l'on venait d'apprendre de nouvelles arrestations ou libérations. Aujourd'hui encore, Konrad se rappelle le psaume qui était récité à la fin de la prière : « Quand Yahvé ramènera les captifs de Sion, nous serons comme en rêve ; alors notre bouche s'emplira de rire et nos lèvres de chansons.[1] » Au mot « jubilation », Konrad attaquait les touches.

Quelques pasteurs sont allés très loin dans leurs prières et ont aussi violé le tabou – que la résistance allemande n'avait guère bousculé – en stigmatisant publiquement la persécution exercée envers les citoyens juifs. Ainsi, par exemple, Helmut Gollwitzer, qui après la nuit de pogrom du 9 novembre, la Nuit de Cristal, lança du haut de sa chaire : « Nous sommes nous aussi inculpés de ce crime, et il y a de quoi rougir de honte en voyant de braves gens se changer tout à coup en bêtes féroces. Nous sommes tous impliqués... » Ou encore Albrecht Denstaedt qui inventa la prière : « Et convertis le cœur endurci du Führer ! » Le journal de la SS, *Schwarzes Corps*, entra en une telle fureur contre ces cultes d'intercession, qu'il publia en octobre 1938 l'article incendiaire suivant : « De telles prières n'ont plus rien à voir avec la religion, une telle théologie n'a plus rien à voir avec la théologie – ce sont des manifestations

1. Le texte original est au passé dans la Bible. Ici, le futur indique l'espoir.

politiques, des actes de trahison et de sabotage envers l'engagement résolu du peuple à des heures graves de son destin. Assez de tout cela ! La sécurité du peuple nous fait un devoir d'éliminer ces criminels ! »

Konrad cessa de se demander s'il partageait la tribune de l'orgue avec une espionne quand il vit que la jeune femme, pendant les chorals, s'arrêtait de sténographier et chantait elle aussi. Il découvrit à un moment quelconque qu'Ursula Reuber, avec son griffonnage continuel, était animée tout comme lui par un désir fort innocent : elle voulait devenir sténotypiste de débats et mettait les offices religieux à profit pour s'exercer au métier de ses rêves.

La candidate sténotypiste et le chef d'orchestre *in spe* se comprirent. Un jour, elle tira Konrad d'un embarras qui semble aujourd'hui une bagatelle : Konrad n'avait plus de lacets. Un autre les aurait remplacés par des ficelles, mais pas Konrad. La première des règles de survie, pour un juif clandestin, stipulait qu'il fût correctement vêtu quand il se montrait en public. Toute faute de présentation, aussi ridicule fût-elle, si elle rappelait la caricature du « juif négligé », pouvait éveiller le soupçon de *Volksgenossen* attentifs.

Ursula Reuber donna à Konrad sa carte de

textiles pour qu'il puisse s'acheter des lacets. Ce « don patriotique[1] » lui fut fatal. Mais Konrad ne l'apprit que quelques semaines plus tard, quand il fut arrêté par la Gestapo lors d'une rafle de routine.

Entre-temps, il poursuivait opiniâtrement ses études clandestines.

Dans le plan de travail qu'il s'était fixé lui-même, il lui manquait une matière. Certes, il prenait des leçons de piano avec Edwin Fischer, mais son vrai but était de devenir chef d'orchestre. Comment et auprès de qui un juif traqué, dans le Berlin de l'année 1943, allait-il apprendre la direction d'orchestre ?

Konrad utilisa la ruse qui avait fait ses preuves auprès de Drwensky et d'Edwin Fischer. Sans s'être annoncé, il se présenta au domicile du chef d'orchestre Johannes Schüler. Schüler montra à Konrad son carnet de rendez-vous surencombré et lui fit comprendre qu'il ne pouvait le prendre comme élève, ni maintenant ni plus tard. Mais cette démarche et la *Fantaisie chromatique* de Bach que Konrad joua ensuite au piano ne furent pas inutiles. Le chef d'orchestre

1. *Liebesgabe* : employé ici ironiquement, ce mot désignait les dons que les civils devaient faire, pendant la guerre, aux soldats allemands engagés sur le front.

l'envoya avec un mot de recommandation chez un jeune compositeur qui venait justement d'écrire un ballet intitulé *Turandot.*

La vie de Gottfried von Einem se lit comme un roman qui dépasse constamment la foi du lecteur en la bonté du monde. C'était un filleul du *Reichsmarschall* Goering, lié au clan familial de Bayreuth par son amitié de jeunesse pour Friedelind Wagner, la sœur de Wolfang et Wieland; élevé dans des écoles pour élites en Suisse et en Allemagne, il avait été tiraillé entre le culte du génie, l'enthousiasme pour le Führer et le délire artistique.

Sa métamorphose ultérieure en adversaire sans compromis du régime, Gottfried von Einem ne l'avait certes pas trouvée toute donnée dans son berceau. Baron de naissance et plus tard marié avec Lianne von Bismarck, il appartenait aux couches supérieures de la société.

Il y a cette photo de lui, où l'on voit le jeune homme alors âgé de vingt ans debout directement derrière Adolf Hitler, lors d'une soirée de gala à Bayreuth. Il y a aussi l'autre photo, une photo de journal, qui représente le compositeur, six ans plus tard, après la première de son *Turandot.* C'est le même jeune homme pâle à l'épaisse chevelure noire légèrement bouclée et au nez aquilin. Un V*olksgenosse* furieux envoya cette photo à l'original, accompagnée de la lettre suivante : « Einem, n'avez-vous pas honte de vous promener avec cette crinière, je crois que vous êtes un demi-juif ! Les cheveux, les lèvres et ce sale nez de juif ! Allez plutôt au front, espèce d'embusqué, honte à vous ! »

En ce qui concernait l'ascendance de von Einem, il n'y avait rien à objecter selon les critères du IIIe Reich. La plupart des nazis se seraient battus pour une telle généalogie. Son père était un général de brigade et attaché militaire autrichien, son aristocrate de mère, Gerta Louise, une folle de musique qui exerçait le métier d'agent pour musiciens. Elle s'était trouvée sur les bancs de l'école en même temps que les sœurs du *Reichsmarschall* Goering, Paula et Olga. Les dirigeants nazis aimaient bien s'exhiber, dans leurs bals, auprès de personnalités de l'aristocratie, et la mère de von Einem, avec son éclatant rayonnement personnel et ses relations dans l'élite internationale, leur semblait une médiatrice idéale. En même temps, les bonzes de la culture se méfiaient d'elle et la soupçonnaient, probablement avec raison, d'espionner au profit de plusieurs ramifications du front antihitlérien. Gerta Louise avait peut-être l'ambition d'entrer dans l'histoire comme une Mata Hari de la Seconde Guerre mondiale.

Jusqu'où elle est allée dans ce rôle, les historiens ne sont pas d'accord à ce sujet. En tout cas, von Einem et sa mère firent tous les deux connaissance à plusieurs reprises avec les prisons de la Gestapo. Ils furent toujours relâchés après une courte détention, sans doute grâce aux puissants intercesseurs qu'ils avaient gardés dans le gouvernement. Après la guerre, Gerta Louise fut rattrapée par le destin qui fait la trame des films d'espionnage : elle fut arrêtée par les Alliés comme « espionne nazie ». Mais cette arrestation-là non plus ne dura pas longtemps. Ce ne fut certainement pas grâce à la seule intervention de Konrad Latte, qui écrivit une lettre en sa faveur, qu'elle recouvra vite la liberté. Chez les Alliés aussi, Mme von Einem avait des amis influents.

Quand Konrad arriva à Berlin, le baron aux relations « haut placées » était devenu depuis longtemps un adversaire résolu du régime nazi. Il appartenait à un petit cercle d'opposants dans l'Opéra de Berlin, parmi lesquels figuraient le chef d'orchestre Leo Borchard et le compositeur Boris Blacher. Mais même devenu adversaire du régime, von Einem restait toujours baron. La manière dont il aida Konrad et les autres persécutés trahissait l'assurance de l'aristocrate. A l'ami d'une amie qui était recherché par la Gestapo et voulait s'enfuir, il procura un pistolet. Il paya un moment les loyers de quelques machinistes communistes qui étaient dans le collimateur de la Gestapo. Dans des situations épineuses, von Einem pouvait déployer la témérité d'un joueur.

Le jeune compositeur procura à Konrad son premier emploi à l'Opéra. Une artiste de ses amies, la chorégraphe russe Tatiana Gsovsky, apprenait justement le ballet de von Einem, *Turandot*, dont la première était prévue à l'Opéra de Dresde. Konrad fut chargé d'accompagner les répétitions comme corépétiteur. Quand il joua pour la première fois devant von Einem, celui-ci fut quelque peu épouvanté. Il trouva que Konrad n'avait aucune idée de la manière dont on jouait la musique moderne, et il le renvoya avec le conseil laconique de revenir après s'être exercé. Ensuite, Konrad joua « plutôt bien que mal » aux répétitions, note von Einem dans son autobiographie.

Grâce à une recommandation de von Einem, Konrad obtint un rendez-vous avec le chef d'orchestre Leo Borchard, une des stars, avec Karajan, parmi la génération des jeunes chefs d'orchestre.

A propos de Karajan, tout aussi doué que carriériste, on apprendra plus tard qu'il s'était inscrit deux fois de suite au NSDAP[1], parce qu'il avait oublié qu'il en était déjà membre.

Leo Borchard, en revanche, laissa en suspens sa carrière, fort brillante au début, et se tint de plus en plus à l'écart des activités publiques. De 1937 à 1945, il n'a dirigé en Allemagne que deux concerts avec les Philharmoniques berlinois à la tête desquels il avait encore remporté des triomphes dans les premières années du IIIe Reich. Une insolence, depuis longtemps oubliée par Borchard, entrava le reste de sa carrière. Trois ans avant la prise du pouvoir par Adolf Hitler, Borchard, en dirigeant le *Deutschland über alles*, avait éternué à grand bruit et à maintes reprises. Il avait été alors dénoncé par quelques musiciens de l'orchestre pour « avoir tourné en ridicule l'hymne allemand ». Quand, en 1933, il monta de nouveau au pupitre de l'orchestre de la Radio berlinoise, les musiciens refusèrent de jouer sous sa direction. Leurs porte-parole arguèrent de l'éternuement provocateur, resté depuis trois ans dans toutes les mémoires, et se plaignirent en outre que Borchard était étranger et favorisait les juifs

1. *Nationalsozialistische Deutsche Arbeiterpartei,* « Parti national-socialiste des travailleurs allemands ».

dans l'orchestre. La rébellion des musiciens allemands contre les émigrants – Borchard était né à Moscou – fut dans un premier temps apaisée. Mais quand, dans les années 1935/36, Borchard dirigea plus fréquemment l'Orchestre Philharmonique et devint un favori du public, le *Amt für Kulturpflege*, « bureau pour la surveillance de la Culture » – une sorte de service d'espionnage politico-culturel –, s'adressa au département juridique de la radio du Reich. L'office voulait savoir l'histoire de cet « hymne allemand tourné en ridicule » six ans plus tôt.

Avec cette enquête commença le déclin de Leo Borchard et son entrée dans la résistance. Quand Konrad rendit visite au chef d'orchestre, en 1943, dans sa demeure de Steglitz, Borchard, sous l'influence de sa compagne d'alors, Ruth Andreas-Friedrich, était déjà impliqué dans de multiples activités de la résistance civile. Mais de prime abord, Konrad en savait aussi peu là-dessus que Borchard au sujet du statut illégal de Konrad.

Sans l'interrompre une seule fois, Borchard écouta la légende stéréotypée de Konrad : logement bombardé, pas de papiers, maladie de reins, réformé... Alors l'homme de haute taille, élégamment vêtu, regarda son visiteur droit dans les yeux et lui dit : « Mon enseignement est fondé sur une condition préalable : vous devez avoir confiance en moi. »

Konrad resta un instant déconcerté. Puis, et non pour la première fois, il prit une de ces décisions qui en cas d'erreur d'évaluation auraient pu lui coûter son existence mal assurée à l'Opéra, et peut-être la vie.

Il raconta à Borchard ce qu'à ce moment seuls trois ou quatre initiés savaient : qui il était et dans quelles conditions il vivait. « Maintenant je le sais », dit Leo Borchard quand Konrad eut terminé, « et maintenant je l'ai de nouveau oublié. » Puis commença la première leçon.

Ces leçons dans la demeure de Borchard au Hünensteig comptèrent parmi les plus beaux moments, et en même temps les plus irréels, de la vie illégale de Konrad. Borchard enseignait par cœur, sans partition et sans accompagnement au piano. Allongé sur le canapé de son bureau, il laissait son élève diriger sur la partition les grandes symphonies de Beethoven, il observait les ordres de départ donnés par la main gauche aux cordes invisibles, par la main droite aux cuivres imaginaires, il interrompait soudain : « Plus tôt le départ des cors ! Il faut du temps aux cuivres avant de porter l'instrument à leurs lèvres ! » Puis il sifflait quelques mesures pour marquer le passage à reprendre.

Mais l'orchestre polyphonique que les mains de l'élève faisaient sonner ne jouait que dans l'esprit des deux hommes, aucun son ne vibrait dans la pièce.

Un voisin intéressé, qui aurait observé ce qui se passait dans le bureau de Borchard, aurait dû être extrêmement inquiet. Il y avait dans cette pièce deux hommes aptes au service armé, qui semblaient ne communiquer entre eux, pendant des heures, que par les gestes de leurs mains. Craignaient-ils d'être écoutés ? Que pouvaient-ils avoir à se dire dans leur langue mystérieuse ?

Sans le savoir, l'élève Konrad rendait aussi à son professeur, lors de ces exercices à sec, un peu de son identité. Car à Berlin, Leo Borchard, à ce moment-là, ne pouvait plus diriger qu'entre ses quatre murs. « Chacun pouvait voir », écrit Konrad Latte en août 1947 dans un éloge funèbre de son ami, « à quel point cette inaction qu'il s'imposait lui-même le torturait. » Tandis que Karajan faisait célébrer ses talents par les dirigeants nazis, « Andrik Krassnov », comme Ruth Andreas-Friedrich appelait son compagnon né en Russie, effectuait avec elle un travail de base dans l'ombre, procurait aux clandestins des logements, des cartes d'identité et des tickets d'alimentation. Entre autres, il prit part à ce que l'on a appelé l'action « Non ». En avril 1945, parut dans plusieurs quartiers de Berlin, tracé à la craie ou à la peinture, le mot *Nein* – vote monosyllabique contre Hitler et la guerre, qui fut aussitôt compris par les adversaires des nazis comme par leurs partisans.

Immédiatement après la capitulation, Leo Borchard fut mis à la tête du Philharmonique de Berlin et dirigea le premier concert donné par celui-ci après la guerre au Titaniapalast.

Quelques semaines plus tard, le 23 août 1945, sa carrière à peine recommencée prit fin d'une manière absurde et tragique. Leo Borchard et Ruth Andreas-Friedrich avaient passé la soirée à Grunewald, dans la villa d'un officier supérieur britannique, venu avec les troupes d'occupation. On but du whisky, on mangea des sandwiches de pain de mie et de viande, on discuta et se plongea dans des rêves d'avenir, on oublia la guerre et le couvre-feu nocturne. Peu avant minuit, le colonel Creighton proposa à Borchard et sa compagne de les reconduire chez eux dans sa voiture. Creighton et Borchard s'assirent à l'avant, Ruth Andreas-Friedrich et un invité hollandais prirent place au fond de la voiture. Quand l'auto s'approcha du Checkpoint de la Kaiserplatz (aujourd'hui la Bundesplatz), entre le secteur britannique et le secteur américain, Ruth Andreas-Friedrich remarqua que l'on agitait violemment des lampes de poche devant les fenêtres de l'auto. Mais le colonel au volant ne réagit pas, il attribuait visiblement les signaux des soldats américains à des passants désireux de se faire ramener chez eux à cette heure tardive. Soudain, des coups de feu claquèrent. Borchard s'affaissa sur son siège.

« Andrik Krassov est mort », écrit Ruth Andreas-Friedrich dans son journal intime. « Il avait quarante-six ans quand il dut quitter la vie. Et il aimait vivre. »

La valise de Harich

Le plus grand problème de Konrad consistait toujours à trouver un logis pour une ou plusieurs nuits. En règle générale, c'étaient Poelchau et sa collaboratrice Gertie Siemsen qui l'aidaient en lui procurant une nouvelle adresse. Un jour, il se réveilla dans un pavillon de jardin au nord de Berlin et vit deux jambons qui séchaient accrochés à une corde à linge. Alors qu'incapable de résister à la tentation, il s'approchait du jambon, un couteau à la main, il sentit dans son dos le canon d'un pistolet. Le secourable trafiquant de marché noir qui, au péril de sa vie, avait laissé le clandestin passer une nuit chez lui, était visiblement tout disposé à abattre son hôte pour sauver son jambon. La solidarité a ses limites.

Un homme qui avait le statut de *Mampe* (en argot berlinois de ces années-là, on donnait aux « demi-juifs » le nom de cette boisson alcoolisée appelée *Mampe halb und halb*, « *Mampe* moitié-moitié ») l'aida par la suite. *Mampe*, de son vrai nom Wolfgang Borchert, l'emmena dans la maison d'Anne-Lise Harich, Stubenrauchstrasse, dans le quartier de Zehlendorf. C'était la veuve de l'écrivain Walther Harich et la mère de Wolfgang Harich, qui se fit plus tard un nom comme philosophe marxiste. La cohabitation courtoise dans la maison Harich fut interrompue par un court-circuit. Un jour où la maîtresse de maison, dans la cave avec Borchert, cherchait bougies et lampes de poche, une violente dispute éclata entre eux. Quel diable l'avait pris, cria Mme Harich à son ami, de lui amener dans sa maison ce nazi à croix gammée. Borchert lui révéla en hésitant la véritable identité de Konrad, avec le résultat paradoxal qu'il espérait. Mme Harich se montra profondément soulagée malgré cette révélation ; spontanément, elle offrit à Konrad de s'abriter chez elle, et elle le fit, comme Ursula Meissner, sans poser de question sur la durée prévisible de son séjour.

Quelques semaines plus tard eut lieu une catastrophe. Pour ne pas mettre plus longtemps en danger sa généreuse hôtesse, Konrad, à la fin de septembre 1943, avait emménagé dans la pension Wolf, Nürnberger Strasse. C'était un de ces rares établissements qui, contre une forte prime, renonçaient à demander une carte d'identité. La patronne devait bien deviner qui elle hébergeait, mais elle « oubliait » régulièrement la prescription qui lui imposait de présenter à son client le formulaire de déclaration. Pour Konrad, la pension possédait encore un attrait supplémentaire, car ses parents et ses employeurs de l'Eglise et de l'Opéra pouvaient l'y joindre par téléphone.

Une nuit, alors que Konrad était déjà couché, le téléphone de la pension sonna. Peu après, la patronne frappa à sa porte. A l'autre bout du fil, son interlocuteur se nomma : Wolfgang Harich. Konrad s'effraya en entendant ce nom. Il ne l'avait rencontré qu'une seule fois dans la maison de sa mère et ne l'avait plus revu par la suite.

« Je croyais que tu étais en Russie ! » chuchota Konrad.

« Non, je suis ici à Berlin à la gare du Zoo ! Puis-je passer la nuit chez toi ? »

S'il y avait quelqu'un que Konrad ne pouvait absolument pas éconduire, c'était le fils de cette Mme Harich qui lui avait si longtemps donné refuge. Mais il ne pouvait pas, avec la meilleure volonté, lui permettre de passer la nuit chez lui :

il partageait sa chambre avec deux autres hommes. Il fixa rendez-vous à Harich aux alentours de la pension.

Un peu plus tard, il vit apparaître le « soldat » Harich, en civil, une valise à la main.

« Viens, faisons quelques pas ! » proposa Konrad en prenant la valise de Harich.

Pendant cette promenade nocturne dans le quartier, Wolfgang Harich lui expliqua sa situation. Il s'était exprimé plusieurs fois en termes méprisants, dans sa caserne de Potsdam, sur Hitler et la « victoire finale ». Un nazi l'avait dénoncé. Il avait été convoqué par l'officier qui présidait au tribunal militaire. Celui-ci lui avait mis sous les yeux ses déclarations, avec le commentaire suivant : « Ça sera d'abord la cour martiale. Et après le poteau. » Sur quoi Harich s'était enfui en panique de la caserne.

Konrad lui conseilla de s'y présenter immédiatement de nouveau. Un éloignement non autorisé de la caserne n'était pas une désertion. Mais Harich ne voulut rien entendre. Alors Konrad lui désigna un petit hôtel sur l'Olivaer Platz, où personne ne lui demanderait ses papiers.

Ils se séparèrent devant la pension de Konrad, Nürnberger Strasse. Konrad pouvait-il prendre sa valise avec lui, demanda Harich à la fin, il était trop fatigué pour la traîner encore jusqu'à l'Olivaer Platz. Sans hésiter, Konrad accepta, étonné seulement par l'étrange question de Harich : avait-il par hasard un poêle dans sa chambre ? Un poêle, qu'est-ce que Harich voulait dire ? — Il vaudrait mieux, répondit Harich, brûler aussi vite que possible tout le contenu de la valise. — Qu'y avait-il donc dedans ? demanda Konrad. Konrad pouvait l'imaginer : son uniforme naturellement, sa plaque d'identité et son livret militaire.

« Et quoi encore ? » demanda Konrad épouvanté.

« Rien qu'un peu de matériel de propagande communiste !

— Formidable ! Du grand chic, en vérité ! » pesta Konrad.

Furieux, il traîna la valise jusqu'à sa chambre et se coucha.

Il ne faisait pas encore jour quand la logeuse de Konrad vint le secouer par l'épaule : « Filez par l'escalier de derrière, voilà la police ! »

Konrad bondit de son lit, empoigna le strict nécessaire et courut vers la porte – directement dans les bras d'un fonctionnaire de police.

Où allait-il donc si vite, demanda l'homme

en uniforme. Que Konrad s'habille d'abord dans sa chambre et lui montre ses papiers.

Konrad lui présenta sa carte d'identité postale.

« Et votre carte d'identité ? Vos tickets d'alimentation ? »

Konrad lui raconta l'histoire habituelle et sut, avant même d'avoir terminé, que le fonctionnaire n'en croyait pas un mot.

Était-ce là sa valise, demanda encore le fonctionnaire quand ils quittèrent la chambre. Konrad répondit que non. Alors nous la laisserons ici, fit le policier.

Konrad fut amené au commissariat de police de la Joachimsthaler Strasse. Là seulement, il comprit que les policiers cherchaient moins le juif clandestin Konrad Latte que le déserteur Wolfgang Harich. Celui-ci était tombé dans une des rafles qui étaient régulièrement effectuées dans les environs de la gare du Zoo.

Dans le commissariat, il y avait déjà vingt-cinq personnes, le visage tourné contre le mur. Konrad dut se joindre à eux et découvrit parmi les gens arrêtés, sa logeuse. Plusieurs fonctionnaires étaient assis autour d'une table. Un homme de la SS dirigeait les interrogatoires. A de courts intervalles, il appelait des noms, finalement aussi celui de Konrad Bauer.

Il dut vider ses poches.

Était-il juif? – Konrad nia. Il n'espérait plus s'en sortir avec cette réponse; malgré tout, il continua à mentir quand le SS dévida ses questions rituelles.

« Vos papiers militaires? — Brûlés. — Où l'avez-vous déclaré à la police? — Au 192e commissariat de police. — Heinrich, téléphone donc au 192e commissariat, pour voir si un Konrad Bauer s'est présenté. Reculez en attendant. Le suivant! »

Un homme âgé, qui s'était auparavant trouvé à côté de Konrad devant le mur, s'avança. Konrad resta près de la table comme s'il n'avait pas entendu l'ordre de se retirer.

« Vous êtes juif? – Oui, monsieur le commissaire! — Votre nom? — Alfred Israël Steiner! »

Étonné, le policier regarda Konrad et lui ordonna encore de reculer. Mais Konrad ne songeait pas à obéir. Il voulait feindre un accès de fureur – ou plutôt non, il était réellement hors de lui.

« Vous êtes juif? » fit Konrad en singeant le SS, et il continua, à voix de plus en plus forte : Lui, Konrad, il interdisait qu'on lui parle ainsi! Personne n'avait encore mis en doute son origine aryenne. Il était membre du parti et corépétiteur à l'Opéra national! Le policier n'avait qu'à téléphoner – voici le numéro ! – et il en supporterait les conséquences !

Surpris, le SS regardait Konrad. Il n'avait sans doute jamais rencontré une telle rébellion, et même s'il ne croyait pas Konrad, il était un peu déstabilisé. La diversion semblait aussi l'amuser. Poliment, il demanda à Konrad de prendre place dans une pièce voisine. Tout serait vite tiré au clair.

Pendant que Konrad attendait, il comprenait que la scène qu'il venait de jouer était complètement absurde. La Gestapo ou la Kripo[1] fouillerait sa chambre à la pension et le confronterait avec la valise de Harich ; en outre, il n'était inscrit à aucun poste de police. Malgré cela, il ne regrettait pas sa sortie – au moins avait-il tenté de se défendre. Il ne savait pas que la comédie qu'il venait de jouer au commissariat était la répétition d'une scène ultérieure, qui lui sauverait la vie.

Après quelques heures, la porte s'ouvrit. Entra l'homme qui l'avait interrogé, et derrière lui parut le père de Konrad.

Connaissait-il cet homme, demanda-t-on à Konrad.

« C'est mon père ! » répondit Konrad.

---

1. *Kriminalpolizei*, police judiciaire.

Le père et le fils furent chargés sur un camion et conduits au centre de rassemblement de la Grosse Hamburger Strasse. Pendant le trajet, Konrad apprit comment son père avait été arrêté. Tandis que Konrad était interrogé au commissariat de la Joachimsthaler Strasse, la police judiciaire, à la pension, guettait d'autres « sous-marins ». Quand Manfred Latte téléphona comme chaque jour, un homme de la Kripo prit la communication et se fit passer pour un ami de Konrad : Konrad avait quitté sa chambre, mais il avait laissé un paquet pour la personne qui téléphonerait, il fallait venir tout de suite. Une demi-heure plus tard, le père de Konrad était à la pension où il fut interpellé.

Le même jour, Margarete Latte sonna à la porte du centre de rassemblement et demanda à entrer. Après avoir appris par Konrad que Manfred et lui avaient été arrêtés, elle n'avait plus aucune raison de se cacher, et elle se présenta volontairement aux persécuteurs.

Le centre de rassemblement, une ancienne maison de retraite juive dans la Grosse Hamburger Strasse, était, pour les juifs clandestins qui se faisaient prendre, la dernière station avant la déportation à Auschwitz. Mais même à ce moment-là, souligne Konrad Latte l'octogénaire, il ne savait pas exactement ce que le nom d'« Auschwitz » signifiait. Comme un codétenu tentait de le lui expliquer, le jeune Konrad furieux lui avait coupé la parole : à quoi bon aggraver encore leur situation avec ses « contes atroces[1] ».

La famille à présent réunie fut enregistrée, après quoi chacun reçut son étoile, avec une aiguille et du fil. Le couple Latte dut remettre une « déclaration de fortune ». Les trois membres de la famille furent désignés pour le « 44e transport vers l'Est ».

---

1. *Gräuelmärchen* : expression nazie, qui désignait ainsi la propagande étrangère, accusant le IIIe Reich d'atrocités.

Adieu aux parents

Le convoi pour Auschwitz devait partir le 12 octobre 1943 et quitter à dix-huit heures le centre de rassemblement. Tandis que l'ensemble des soixante-quatorze personnes désignées pour la déportation se regroupaient, une voix hurla dans un haut-parleur : « Latte Konrad Israël reste ici ! »

Konrad fut appelé à l'interrogatoire. Cette fois, le *Hauptsturmführer*[1] SS Walter Dobberke, qui d'habitude interrogeait lui-même les détenus, n'était pas seul. Il était flanqué de son supérieur et d'autres membres de la Gestapo, tandis qu'une secrétaire sténographiait.

« Vous connaissez Wolfgang Harich ? » demanda-t-on à Konrad.

« Eh bien, nous y voilà », passa-t-il par la tête de Konrad. Depuis qu'il avait été emmené au centre de rassemblement, il ignorait ce qu'était

1. Grade de la SS, équivalent de lieutenant.

devenu Wolfgang Harich. Trop de temps avait passé depuis, et Konrad trouvait invraisemblable qu'on l'interroge encore à ce sujet. De toute façon, il devait désormais faire face à des dangers plus pressants. Dans le « bunker », ses parents attendaient, avec soixante-dix autres compagnons de douleur, leur déportation à Auschwitz. Il avait senti leurs regards dans son dos tandis qu'il était emmené hors de la salle, et il le sentait encore en entrant dans la pièce de l'interrogatoire.

« Répondez s'il vous plaît ! » lui gueula Dobberke.

Ils avaient sans doute pris Harich, réfléchit Konrad, en tout cas ils connaissaient son nom. Il se décida à raconter aux policiers l'histoire dont il était convenu avec Harich en cas d'arrestation. Pendant un concert de la Philharmonie où, lui, Konrad, s'était rendu illégalement, il s'était trouvé par hasard assis à côté de la mère de Harich et avait engagé la conversation avec elle. La dame qui aimait la musique avait invité chez elle le corépétiteur Konrad ; à cette occasion, il avait aussi rencontré le fils de celle-ci, Wolfgang.

Sa déclaration fut consignée dans le protocole. Elle semblait avoir convaincu les policiers. Mais ensuite la porte s'ouvrit. Un homme de la

Gestapo apporta la valise de Harich et la déposa devant Konrad.

Il avait redouté cette confrontation depuis qu'il avait été emmené Grosse Hamburger Strasse ; maintenant, elle lui était quasiment indifférente, de même que tout ce qui pourrait en résulter. Dans la demi-heure suivante, ils monteraient dans un camion, lui et ses parents. Quoi qu'il en soit, il voulut épargner au moins à Wolfgang Harich toutes les difficultés évitables. Il se dit que la Gestapo devait avoir établi depuis longtemps le rapport qui existait entre Harich et la valise ; en conséquence, il n'y avait rien à cacher. Il raconta donc l'histoire de sa rencontre avec Harich cette nuit-là.

Les fonctionnaires semblèrent satisfaits de cette déclaration aussi. Alors seulement, ils expliquèrent que Harich avait été arrêté le même matin que Konrad et avait depuis longtemps tout avoué. Konrad fut soulagé – en tout cas, il n'avait rien trahi de ce que les policiers ignoraient encore.

L'interrogatoire semblait terminé, Konrad voulut s'en aller, rejoindre ses parents, revenir au « bunker » : Walter Dobberke lui fit savoir qu'il ne partirait en aucun cas avec ses parents. Il devrait d'abord comparaître comme témoin au procès de Harich et ensuite purger la peine méritée pour le crime de « complicité ». Sur la nature de cette peine, Dobberke ne voulut laisser aucune illusion à Konrad. Toute complicité de désertion, lui annonça-t-il, était punie de mort.

Konrad eut tout juste le temps de dire adieu à ses parents. Quand il revint dans le « bunker », il vit les prisonniers déjà alignés en rang. L'interdiction d'accompagner ses parents, prononcée par Dobberke, lui semblait pire que la peine de mort. En tout cas, il voulait leur épargner les révélations de Dobberke sur ce qui l'attendait. Il tenta de tranquilliser ses parents, pendant les dernières minutes qu'ils passaient ensemble, en leur présentant une autre version, plus anodine, de son destin. La Gestapo voulait seulement savoir de quelle manière il s'était procuré un accès à l'Opéra, dit-il ; c'était pour cela qu'on le maintenait ici.

Ainsi Konrad et ses parents se séparèrent-ils, Konrad espérant toujours que ses parents pourraient survivre à Auschwitz, ses parents croyant que leur fils n'était menacé que de quelques interrogatoires par la Gestapo.

Plus tard seulement, Konrad apprit que Dobberke avait encore trouvé le temps d'annoncer à ses parents, juste avant qu'ils montent dans le camion, que leur fils avait été condamné à mort pour complicité de désertion. C'est avec cette phrase dans la tête qu'ils avaient commencé leur voyage dans le wagon à bestiaux de la Reichsbahn.

Konrad n'a jamais revu ses parents.

Les jours et les semaines qui suivirent, il attendit d'être appelé à son procès, comme Dobberke l'avait annoncé. Mais rien de tel n'arriva. Konrad ne fut plus interrogé à propos de l'affaire Harich.

La raison en était de nouveau une contradiction dans l'appareil de persécution des nazis. De même que les sœurs Lasker, Konrad, à cause de son « crime » – dans son cas « aide à la désertion » –, avait été provisoirement soustrait à la mainmise de la Gestapo. On était venu le chercher dans le « bunker » à la dernière seconde, parce que le conseil de guerre l'avait demandé comme témoin dans le procès de Harich. Mais la comparution d'un juif comme témoin n'était plus possible selon la logique de la justice nazie. La parole des juifs, ces « sous-hommes », n'était pas reconnue en justice.

Harich s'en tira étonnamment à bon compte dans son procès pour désertion. En octobre 1943, il fut condamné « pour éloignement non autorisé de la caserne » à une peine de prison modérée, dont il n'effectua que trois mois.

Tous les SS et les hommes de la Gestapo n'étaient pas des brutes comme Dobberke. Un jour, un gardien, un homme constamment ivre, glissa à Konrad un mince petit volume contenant des poèmes de Rainer Maria Rilke. De la part d'une amie, lui chuchota-t-il. Ému, Konrad tourna les pages. Ce fut seulement en feuilletant pour la seconde fois qu'il trouva une annotation de la donatrice, Ursula Reuber, sur l'intérieur de la reliure. Dans la table des matières du petit livre, il découvrit des signes au crayon – toutes les deux lignes une lettre était marquée d'un point. Quand il eut rassemblé les lettres, cela donna la phrase : « J.e.s.u.i.s.d.e.p.u.i.s.h.i.e.r.i.c.i. » Le gardien, à qui l'alcool avait peut-être conservé un reste d'humanité, organisa une rencontre entre Konrad et Ursula dans la cave du centre de rassemblement. « Et maintenant donnez-vous un baiser ! » cria-t-il à Konrad.

Lors de ces retrouvailles, Konrad apprit comment Ursula Reuber était tombée dans les mains de la Gestapo. Lors de l'arrestation de Konrad, les policiers avaient aussi trouvé les tickets de textiles qu'elle lui avait donnés. Pour le « crime » d'avoir procuré une paire de lacets à un juif, elle avait été condamnée à six mois de prison.

Ursula Reuber fut libérée en mars 1944. Employée à déblayer les rues, elle fut tuée lors d'un bombardement.

Durant le temps neutre qui s'écoula entre la déportation de ses parents et la peine de mort à laquelle il s'attendait, Konrad se lia d'amitié avec un jeune homme amené quelques jours avant lui dans le centre de rassemblement. Ludwig Lichtwitz, comme Curt Weiss et d'autres juifs qui avaient contracté un mariage « mixte », avait été épargné par l'arrestation et la déportation jusqu'au printemps 1943. Jusqu'à l'« aryanisation » de l'entreprise, il avait travaillé dans l'imprimerie de son père, Max Lichtwitz, qui imprimait entre autres le *Jüdisches Familienblatt* (« Journal familial juif ») et la *Jüdische Rundschau* (« Tribune juive »). Ludwig Lichtwitz a magistralement falsifié nombre de papiers qui étaient d'une importance vitale pour les clandestins : certificats de travail, en-têtes de lettres commerciales, titres de permission de la Wehrmacht.

L'imprimeur et le musicien décidèrent de s'enfuir de la Grosse Hamburger Strasse. Tous les deux, ils élaborèrent un plan de fuite soigneusement conçu.

Ils étaient employés à travailler dans les caves de charbon et de pommes de terre, où se trouvaient les coffrets de coupe-circuit pour l'ensemble des bâtiments. Leur plan prévoyait d'interrompre l'alimentation en électricité du camp et, dans l'obscurité, de s'enfuir en escaladant le mur du vieux cimetière juif derrière le centre de rassemblement, vers les Hackesche Höfe [1].

L'important était de savoir si le coupe-circuit principal éteignait aussi les projecteurs dans la cour, condition absolument nécessaire à la réussite de leur plan. Froidement, la veille de leur évasion, ils firent un essai. Pendant une seconde, ils coupèrent le contact du coupe-circuit principal : toute l'installation plongea dans une nuit noire, les projecteurs de la cour eux aussi s'éteignirent. La brève « coupure de courant » n'eut pas d'autre conséquence ; la direction du camp crut manifestement à une panne comme il s'en produisait constamment dans les années de guerre.

Le soir du 27 novembre 1943, les Britanniques lancèrent une attaque aérienne sur Berlin.

---

1. Immeuble célèbre, qui comporte sept cours intérieures.

Les deux jeunes hommes subtilisèrent d'abord, dans la salle des gardiens, la clé de la porte de la cave qui donnait dans l'arrière-cour. Puis ils dévissèrent le coupe-circuit principal de sa douille et le mirent dans leur poche. Comme ils l'espéraient, tout le personnel de garde se précipita d'abord vers l'entrée principale avec des torches électriques. Pendant ce temps, Konrad et Ludwig, dans la cave, fuyaient par un chemin qu'ils auraient pu parcourir les yeux bandés, des coupe-circuit jusqu'à la sortie sur l'arrière. Tandis qu'ils fourrageaient avec la clé à la porte qui donnait sur l'arrière-cour, ils entendirent un bruit de bottes dans l'escalier de la cave. Ils eurent juste le temps d'arriver à l'air libre et fermèrent la porte de l'extérieur.

Dans la cour, Konrad avait vu une barre de fer par terre et il était décidé à s'en servir, au cas où quelqu'un tenterait de les arrêter.

Aurait-il été vraiment capable de frapper un gardien avec sa barre de fer, Konrad ne peut le dire aujourd'hui encore. Le rêveur à « la nature trop tendre » était devenu, sous l'effet de la persécution, un jeune homme décidé à vendre sa vie aussi cher que possible.

Par chance pour les hommes de garde et pour lui, il n'eut pas besoin d'en faire la preuve.

De précieuses minutes s'écoulèrent avant que le personnel, avec l'aide de lampes de poche et de bougies, ait trouvé la seconde clé : un temps suffisant pour que les deux évadés s'enfuient par-dessus les murs du cimetière juif et se dirigent vers les Hackesche Höfe. A peine avaient-ils atteint la rue qu'ils se souhaitèrent bonne chance et se séparèrent. Ils se donnèrent rendez-vous le samedi suivant à dix-huit heures devant l'entrée principale du temple de Konrad : l'Opéra.

Konrad tira l'insigne détesté avec la croix gammée, qu'il avait gardé et caché comme un talisman tout le temps de sa détention, et il l'épingla au col de sa veste.

Berlin flambait de nouveau haut et clair. Konrad regarda les bombardiers de la RAF qui volaient à très basse altitude. Pour lui, ils avaient deux significations : un danger mortel et l'unique signe d'espoir visible et audible au loin.

Entre la cave et la loge

Par des chemins détournés, il arriva jusqu'à la Fasanenstrasse, au domicile de Tatiana Gsovsky – cette chorégraphe qu'il connaissait depuis les répétitions du ballet *La Princesse Turandot*. Sans poser beaucoup de questions, l'artiste russe fit entrer le corépétiteur déguenillé dans sa luxueuse demeure et lui prépara aussitôt une boisson qui est restée dans la mémoire de Konrad comme le breuvage le plus délicieux du monde : une tasse brûlante de Kaba, un ersatz de cacao. Oui, il pourrait dormir cette nuit chez elle, déclara Mme Gsovsky, à une condition toutefois : il devrait disparaître le lendemain à cinq heures du matin. En aucun cas son époux, un diplomate allemand, ne devait remarquer la présence de Konrad. L'hôte restait libre de spéculer sur ce qui inspirait à Tatiana Gsovsky le plus d'égards : le caractère craintif de son époux, la jalousie qu'il éprouvait ou ses convictions politiques.

Quelques jours après son évasion, Konrad se retrouva assis au banc de l'orgue. Il venait à peine d'échapper au transport vers Auschwitz, et il fut victime dans la Sankt-Annen-Kirche d'une de ces subtiles cruautés qui, additionnées les unes aux autres, ont à la fin rendu possible le grand crime. Une dame d'un certain âge, membre du conseil d'administration de la paroisse, monta jusqu'à lui à la tribune de l'orgue et lui chuchota à l'oreille : « Allez-vous-en, s'il vous plaît. Nous ne commencerons que quand vous serez parti. »

« Quand j'ai entendu cela », se rappelle Konrad Latte, « je me suis senti tellement blessé, offensé et humilié, que je fus sur le point de revenir à la Grosse Hamburger Strasse. »

La nouvelle de son arrestation s'était manifestement répandue ; la disparition subite d'un musicien à Berlin n'était nullement un cas particulier. Mais que l'un des disparus, et dont on avait fait depuis longtemps le deuil, resurgisse à la tribune des orgues d'une église, cela plongeait dans l'embarras nombre de ceux qui avaient été épargnés par les rafles et étaient encore là. Sans doute la dame du conseil d'administration avait-elle seulement voulu lui dire qu'il devait rester là où il était auparavant.

La confiance de Konrad envers les autres Allemands qui l'avaient aidé fut la plus forte. Gottfried von Einem le reçu à bras ouverts. Sans réfléchir longtemps, il donna à Konrad sa carte de service de l'Opéra. Von Einem n'avait que cinq ans de plus que Konrad – en ce qui concernait l'âge, Konrad pouvait tout à fait passer pour un homme de vingt-cinq ans. Mais franchirait-il un contrôle avec la photo de passeport de von Einem ? « Malheureusement, il ne me ressemblait pas du tout, mais j'écartai ce problème », note von Einem dans son autobiographie.

Pour la première fois depuis qu'il avait été marqué de l'étoile juive, Konrad était en mesure de se présenter officiellement comme « aryen ». Pendant un certain temps, il a arpenté Berlin sous l'identité du baron Gottfried von Einem. « Et c'était considérablement plus agréable », se rappelle Konrad, « que d'errer comme juif clandestin sous le nom de Konrad Bauer. » Par chance pour Konrad et son généreux protecteur, la police n'enquêta jamais sur le « sang bleu » de Konrad.

Une fois, pourtant, les deux sosies se rencontrèrent à l'improviste. Quand von Einem, en février 44, à l'occasion de la première de *La Princesse Turandot* à Dresde, se rendit à son hôtel

« Bellevue », il dut constater qu'un von Einem y logeait déjà. Le baron fut épouvanté. Au premier contrôle, on les aurait pendus tous les deux. A ses vives remontrances, raconte von Einem, Konrad avait réagi avec un calme extraordinaire : lui, Konrad, il avait absolument voulu assister à la première de *Turandot* ! Après tout, il avait été le corépétiteur du ballet !

Un tel enthousiasme pour la musique, écrit von Einem, ne lui avait à ce moment-là inspiré qu'une faible sympathie.

Von Einem fit de nouveau engager Konrad à l'Opéra – comme figurant. Dans ce rôle, Konrad vécut des situations tristement ridicules, à peine supportables. Sous les yeux du *Reichsmarschall* Goering, il entra en scène déguisé en jeune Allemand aux boucles blondes, dans le chœur des *Maîtres chanteurs* de Wagner, et dut à la fin s'incliner gracieusement devant le dirigeant nazi. Un jour, en se démaquillant, il se vit dans le miroir et, pour une fois, ne détourna pas le regard. La seule chose qui était encore authentique en lui et qu'il ne pouvait pas effacer avec le maquillage, c'étaient ses yeux.

De temps en temps, il réussissait à se glisser dans un autre rôle, beaucoup plus agréable. Il avait remarqué que la loge du directeur adjoint restait généralement vide.

Konrad et l'ouvreur des loges s'étaient déjà rencontrés auparavant, dans une circonstance extrêmement risquée pour Konrad. En se rendant à l'Opéra en décembre 1940, Konrad avait oublié son portefeuille au vestiaire. Il contenait ses « vrais » papiers avec son adresse, tous établis au nom de Konrad Israël Latte et marqués du grand « J ». Konrad avait envisagé toutes les possibilités, puis il s'était décidé à tenter sa chance et à demander son portefeuille au bureau des objets trouvés, à l'Opéra. Le préposé écouta calmement, en regardant Konrad dans les yeux, la description du portefeuille perdu. Puis il saisit l'objet trouvé d'un geste sûr et le tendit à Konrad.

« Regardez si rien ne manque, je vous prie ! »

Au premier coup d'œil, Konrad comprit que les papiers n'étaient plus rangés dans le portefeuille selon l'ordre précédent, ils avaient été examinés.

« Signez le reçu, s'il vous plaît », dit laconiquement le préposé en lui désignant une ligne sur le formulaire.

Entre-temps, le brave homme du bureau des objets trouvés était devenu l'ouvreur des loges. Ce fut une satisfaction pour Konrad de prolonger le pacte tacite d'autrefois. Pour cinq marks par soirée, que Konrad gagnait facilement à l'orgue, l'ouvreur le faisait entrer dans la loge du directeur adjoint.

De là, Konrad assista à tout le programme de la saison 1943/44.

La nuit, il en était réduit aux logis changeants que l'infatigable Harald Poelchau et sa collaboratrice Gertie Siemsen lui procuraient. « Tegel » lui fit connaître Willi Kranz, qui tenait les cantines de Tegel et Moabit.

« Il faudrait écrire tout un livre sur le "père" Kranz », note Poelchau dans ses cahiers. « Il parlait peu et réfléchissait beaucoup. Il voyait à travers les êtres humains, et avait peu de respect pour les directeurs d'établissement et les grands conseillers du gouvernement, quand ils lui semblaient d'une qualité humaine insuffisante. »

Kranz ne pouvait pas donner refuge lui-même à Konrad; il abritait déjà dans son entrepôt de la Klosterstrasse une jeune fille juive de dix ans. Dans cette réserve sombre et sans ouvertures, l'enfant vivait presque sans lumière ni air frais, mais elle avait abondance de nourriture. La compagne de Kranz, «Auguste[1] Leis-

1. Auguste, avec un « e », est en allemand un prénom féminin.

sner », écrit Poelchau, « un être maternel, s'attacha à l'enfant de toute la force de son âme. La petite Anna était là en sûreté et elle fut tellement gâtée dans ce ménage sans enfants, que c'était presque fâcheux du point de vue pédagogique ».

Kranz présenta à Konrad le concierge d'une banque de la Klosterstrasse, Oskar Kling, qui l'abrita un temps dans la cave du bâtiment. Plus tard, Konrad réussit à se faire engager dans la défense passive et à emménager dans l'entresol. Ce travail de nuit mal payé fut plus précieux pour Konrad que ses emplois diurnes à telle ou telle tribune d'orgue ou sur la scène de l'opéra, car il comportait un endroit pour dormir. Konrad réussit même à se procurer un piano pour le minuscule logis de l'îlotier.

Son plus grand problème était toujours de ne pas pouvoir présenter ses papiers. Un livret militaire, le plus important des documents, coûtait au marché noir cinq mille marks, une carte d'identité pas beaucoup moins. Konrad gagnait certes assez d'argent pour soudoyer un ouvreur d'opéra ; mais les sommes que valait une carte d'identité utilisable, il ne pouvait qu'en rêver. Gottfried von Einem le tira de nouveau de cet embarras. Par un coup d'audace, il procura à son « sosie » Konrad une carte avec photographie de la *Reichsmusikkammer*, la chambre de la musique du Reich, établie au nom de Konrad Bauer.

Konrad l'accompagna au bureau, dans la Ruhrstrasse, où l'on délivrait ces cartes. Von Einem y connaissait un employé, le Dr Alfred Morgenroth, et il pria Konrad d'attendre dans la rue. Après coup seulement, Konrad apprit l'étrange enchaînement de hasards funestes et heureux que le baron avait dû affronter dans le bureau du Dr Morgenroth.

Von Einem demanda une carte pour son fidèle collaborateur Konrad Bauer, dont tous les papiers avaient été brûlés lors d'un bombardement. Il se portait personnellement garant pour lui. Le Dr Morgenroth lui annonça que tout le fichier de la *Reichsmusikkammer* avait été détruit à Cologne lors d'un bombardement. Joyeusement surpris, von Einem allait exprimer son profond regret lorsque le Dr Morgenroth – maintenant à la franche épouvante du baron – se rappela que justement les dossiers contenant la lettre « B » avaient survécu à l'incendie. Il saisissait déjà le téléphone et demandait à ses collègues de Cologne de lui confirmer l'inscription d'un certain Konrad Bauer. Après plusieurs recherches, le collègue de Cologne ne put trouver le nom dans la liste des membres. Déconcerté, le maître des cartes regardait von Einem, qui à présent fit jouer le baron en lui et tenta sa chance au petit bonheur. La négligence des gens de Cologne était notoire, assura-t-il. Konrad Bauer était son assistant, lui, von Einem, devait revenir immédiatement à l'Opéra pour une répétition, il fallait que l'employé établît tout de suite la carte. L'assistant était-il au moins aryen, demanda le Dr Morgenroth, quelque peu désespéré. « Comme vous et moi », répondit von Einem.

« Les deux messieurs », pense Konrad rétrospectivement, « se sont sans doute regardés au fond des yeux. Et à la fin l'employé octroya la carte demandée. »

Après la guerre, le Dr Morgenroth, à l'occasion d'une procédure d'enquête ouverte par les Alliés contre lui, s'était adressé à Konrad en le priant de bien vouloir lui servir de témoin à décharge et de confirmer sa « complicité consciente », à lui, le Dr Morgenroth, dans « l'établissement illégal de sa carte de membre de la *Musikkammer* ».

Konrad répondit :

« Très honoré Dr Morgenroth,

« 1) J'ai obtenu fin 1943 grâce à Gottfried von Einem une carte de la RMK.

« 2) Von Einem, quand je l'ai interrogé à ce sujet, m'a confirmé que vous aviez été informé qu'à propos de cette carte, selon sa propre expression, "tout n'était pas en ordre", et que malgré cette indication il ne l'aurait pas obtenue pour moi sans votre aide.

« Je vous conseillerais de présenter cette lettre à la commission.

« Avec mes salutations, Konrad Latte. »

Qu'il s'agisse d'une « complicité consciente » ou devenue telle après coup dans le souvenir, Konrad tenait en main un document valable, pourvu d'une photo d'identité et de l'aigle du Reich, établi au nom de Konrad Bauer. A la rubrique « profession » était écrit : « Soliste, piano ».

Pourtant il lui devenait chaque jour plus évident que le risque d'être dénoncé s'était dangereusement accru depuis son évasion de la Grosse Hamburger Strasse. Pendant l'un de ses trajets nocturnes en S-Bahn, il s'aperçut qu'était assis en face de lui l'un des gardiens du centre de rassemblement. Ils se reconnurent réciproquement. Konrad descendit à la station suivante, le gardien le suivit. Convaincu qu'il allait être immédiatement arrêté et conduit au commissariat le plus proche, il monta en hâte l'escalier. L'autre resta collé à ses pas et le saisit soudain par le bras : « Fais donc attention, bon sang ! » chuchota-t-il à Konrad, et il prit l'autre sortie.

La rencontre dans la S-Bahn renforça Konrad dans sa conviction qu'il devait quitter Berlin. Trop de gens le connaissaient, avaient entendu parler de son évasion – ce n'était plus qu'une question de temps avant qu'il soit découvert.

Chef d'orchestre en tournée avec la Wehrmacht

Une danseuse appartenant au corps de ballet de l'Opéra avait prié Konrad de l'accompagner au piano dans le spectacle qu'elle devait présenter au quartier général du Führer. Konrad, à l'étonnement de son professeur Leo Borchard, s'était déclaré prêt à participer, mais la soirée fut annulée par la suite. Qui doit se cacher pour survivre, avait dit Konrad, ne peut pas choisir son masque.

Par l'intermédiaire de cette danseuse, Konrad apprit que l'on cherchait un chef d'orchestre pour partir en tournée avec la Wehrmacht. A l'automne 1943, Joseph Goebbels avait eu l'idée d'envoyer au front menacé de débâcle des troupes d'artistes ambulantes, il comptait sur la musique et les chants galvanisants pour affermir la foi de l'armée en la « victoire finale ». Konrad posa sa candidature.

Dans un hôtel du Kurfürstendamm, il se présenta au directeur Bodo Bronsky. Bronsky était à la scène comme dans la vie un personnage de théâtre. Il portait un monocle, qu'à l'occasion il laissait artistiquement choir dans sa main, il parlait d'une voix grinçante, tirant des effets de sa cloison nasale qui lui servait d'amplificateur, et trouvait dès le lever du jour l'occasion de faire honneur à quelque boisson forte. Il demanda aussitôt à Konrad de donner une preuve de son savoir sur le piano désaccordé de l'hôtel. Konrad lui joua, fortement abrégé, les *Maîtres chanteurs* de Wagner. Bronsky buvait et écoutait. Il fut impressionné, plus encore sans doute par les raccourcis de Konrad que par son jeu ; que le jeune homme parvienne à réduire à un format maniable l'interminable ouverture du compositeur préféré des nazis, sembla convaincre le directeur.

Au demeurant, Bronsky n'avait pas le choix. Konrad était l'unique candidat. Le directeur engagea donc Konrad sur-le-champ. Konrad expliqua l'absence de son livret militaire en débitant l'histoire habituelle : détruit dans les bombardements. Bronsky le tranquillisa. Mandataire du *Reichspropagandaministerium*, il se portait garant de son personnel. Konrad signa un contrat avec le « Théâtre populaire itinérant de la Hesse ». « M. Konrad Bauer, citoyen allemand », fut engagé dans la spécialité « pianiste et répétiteur » pour quatre cent cinquante reichsmarks par mois.

Il lui restait tout juste le temps de s'équiper pour le voyage et de dire adieu à ses amis berlinois. Le comédien Hans Söhnker lui donna un costume noir. Dans un café du Kurfürstendamm, il rencontra l'écrivain Erich Kästner.

Erich Kästner était connu pour passer ses après-midi dans les cafés berlinois, selon un emploi du temps fixe qu'il respectait avec une grande minutie. Konrad avait rendez-vous avec lui au Café Léon sur le Kurfürstendamm, dans le bâtiment de l'actuelle Schaubühne. Kästner s'y présenta ponctuellement, avec chapeau melon et parapluie, et s'assit à la table de Konrad. On l'avait visiblement informé de la situation de Konrad. Il savait que Konrad avait décidé de se camoufler en servant de chef d'orchestre dans une tournée organisée pour la Wehrmacht. Tandis que Konrad lui parlait de Bronsky, l'écrivain prit une boîte d'allumettes et en ôta les allumettes. « Puis-je ? » demanda-t-il, il y plaça un billet de cent marks et glissa la boîte dans la main de Konrad. Que Konrad se rende demain chez lui, Kästner, dans sa demeure de la Roscherstrasse, et se fasse donner par la femme de ménage quelques-unes de ses chemises. Bientôt après, Erich Kästner s'en alla – c'était l'heure de se rendre au café suivant.

Au début de juin 1944, Konrad arriva à Goslar avec la troupe destinée au divertissement de la Wehrmacht. Dès la première demi-heure, il comprit qu'il serait un chef d'orchestre sans orchestre. L'unique instrument dont disposait la troupe était un piano, et il en jouerait lui-même. L'ensemble était composé de neuf dames et de deux messieurs, dont il ignorait totalement les talents et le répertoire. Le chauffeur se chargeait de la technique de scène et de l'éclairage. Peggy Dünkler, de son vrai nom Meta Klotsche, venait de l'opérette et avait depuis longtemps derrière elle les doux sommets de sa carrière. La jeune soprano Ellen Brockmann disposait certes d'une voix pure comme une clochette, mais, d'après le jugement de son futur époux Konrad Latte, elle manquait de musicalité. Selon la propre évaluation d'Ellen, elle avait été engagée avant tout parce qu'elle était jeune et jolie et qu'elle apportait une merveilleuse garde-robe.

Ellen venait d'une famille westphalienne d'origine juive. Son père, Ferdinand Brockmann, était mort depuis longtemps d'une maladie des poumons contractée pendant la Première Guerre mondiale. Dans les années vingt, la mère d'Ellen, Gerda, a publié sous un pseudonyme sa correspondance des années de guerre avec son mari, et a ensuite écrit une série d'autres livres. Elle envoya sa fille Ellen au lycée Hohenbaden à Baden-Baden et la persuada de cultiver son soprano. L'intelligente et brillante élève ne devait toutefois pas faire d'études. Faire des études, pour des jeunes femmes, c'était aux yeux de sa mère compromettre à jamais toute chance de mariage. En remplacement, elle pourvut Ellen d'une garde-robe choisie : des modèles de la mode parisienne qu'elle faisait adapter dans l'atelier Loelgen-Kriegel à Düsseldorf. Sa mère, raconte Ellen, a opiniâtrement essayé de l'élever comme une jeune dame d'avant 1914 : elle devait porter chapeau et gants, ce qui inspirait nombre de commentaires à ses camarades de classe.

Envers les nouveaux dirigeants, Gerda Brockmann affichait une sorte de mépris culturel et élevait sa fille en conséquence. Elle empêcha Ellen (au début à la grande indignation de celle-ci) d'entrer au BDM, l'Union des filles allemandes. Sa mère fut plusieurs fois sommée de s'en expliquer ; elle était veuve d'officier, répliquait Mme Brockmann à de tels reproches, et elle pouvait ainsi se protéger de plus graves importunités. Toutefois, elle ne put empêcher que sa fille soit maintes fois adjurée par le professeur Röth, un mathématicien dévoué au parti, de renoncer à son attitude de refus. Un jour, on mesura la tête de la blonde Ellen aux yeux bruns ; le professeur Röth lui apprit joyeusement qu'elle possédait les mesures idéales d'une « aryenne ». Comme Ellen ne partageait pas son enthousiasme et restait ferme, le professeur la punit en lui donnant de mauvaises notes. Quand il inscrivit sur son bulletin de fin d'année l'appréciation : « .... reste à l'écart de la jeunesse du pays », Ellen alla voir le directeur de l'école. Une remarque de ce genre, se plaignit-elle, n'a rien à faire sur un bulletin concernant ses résultats scolaires.

Elle fut elle-même surprise par le succès de sa protestation. Le directeur, le Dr Leo Wohleb, ne discuta pas, réfléchit un moment, saisit un rouleau de papier collant et en recouvrit la dénonciation politique du professeur. Bien plus tard seulement, Ellen comprit le risque que le pédagogue avait couru en prenant cette décision comme si cela allait de soi. Car il devait naturellement prévoir qu'Ellen, au cas où on l'interrogerait sur la ligne masquée, se référerait au directeur de l'école. Ce geste, à première vue insignifiant, aurait fort bien pu coûter au Dr Wohleb sa fonction et même la liberté. Le fait que le directeur ait alors pris parti pour elle a profondément impressionné l'écolière Brockmann et a renforcé sa résolution de n'en faire qu'à sa tête.

Le programme de la troupe qui accompagnait la Wehrmacht commençait chaque fois par une allocution du directeur Bronsky au public, composé de cent à cent cinquante soldats de la Wehrmacht ou de SS. Toutefois, quand le directeur était trop ivre pour parler, ce qui arrivait assez souvent, Konrad devait se charger de l'allocution au titre de directeur adjoint. « Camarades, au nom du ministère de la Propagande, je vous salue et vous assure de notre soutien... » Dans la première partie de la soirée, on donnait des airs du répertoire classique de l'opéra ; dans la deuxième, plus « joyeuse », dominaient les airs d'opérettes, les poèmes patriotiques et des chansons. Les chanteuses changeaient de tenue en conséquence ; avant l'entracte, elles entraient en scène en robe du soir ; après l'entracte, elles se montraient en vêtements plus légers. La blonde Ellen dans ses robes de prix attirait les regards du public et la jalousie de bien des collègues.

Pendant deux semaines environ, Konrad promena son bastringue dans de petites villes comme Itzehoe, Husum, Rendsburg et Glückstadt. Et tandis que les Alliés débarquaient en Normandie, le chef d'orchestre « Konrad Bauer » devait accompagner des chants galvanisants comme ceux-ci :

Ne te fais pas de souci pour moi, je t'en prie
Je te reste fidèle, tu le sais bien.
Aujourd'hui est comme hier et tel sera aussi
  demain.
Je reste auprès de toi, je suis ta femme
Et quand tu reviendras ensuite un beau jour
Alors le monde aura pour moi un tout autre air
Et si c'est dur maintenant pour toi, supporte-le,
Mon cœur me dit que tu reviendras sûrement chez
  nous
Et alors tu te reposeras dans mes bras.

Outre une modeste rémunération, les artistes, comme ils étaient envoyés sur les routes au nom du ministère de la Propagande, étaient bien nourris et logés dans les meilleurs hôtels.

Au début de juillet, cependant, quand le directeur Bronsky désigna le lieu de leur prochain engagement, Konrad songea sérieusement à quitter dans la nuit la troupe de la Wehrmacht ; ils devaient se produire à Helgoland.

La « forteresse de Helgoland » était l'un des bastions les plus sûrs du Reich nazi dans le Nord, l'extrême avant-poste de la Wehrmacht pointé contre l'Angleterre.

Mais où s'en aller ? Revenir à Berlin sans autorisation de voyager ni papiers valables, c'était impossible. Recommencer à vivre clandestinement dans l'une des petites villes où ils avaient joué, sans aucune adresse où se réfugier, ne lui semblait pas moins voué à l'échec. Il ne lui restait rien d'autre à faire que partir avec les autres pour Helgoland.

A Hambourg, à l'hôtel Reichshof, la dernière station avant la traversée de Helgoland, il engagea la conversation avec Ellen. Depuis leur départ, il avait remarqué la jeune soprano et il n'avait pas eu besoin pour cela de l'aria, souvent demandée, extraite de *L'Armurier* de Lortzing, que chantait Ellen : « Avec Konrad je peux être heureuse... » Ellen se sentait attirée par Konrad. « Konrad », dit la dame de quatre-vingts ans, malgré la douce protestation de son époux, « était alors un jeune homme qui cherchait la fleur bleue. Il savait parler de manière captivante et, par son enthousiasme pour la musique et la littérature, vous emporter dans un autre monde. »

Elle avait remarqué que Konrad était le seul membre de l'ensemble qui ne possédait pas de tickets d'alimentation. Quand la troupe était contrôlée par la police militaire, il était le seul à ne pas présenter de papiers valables. Konrad expliquait ce manque à Ellen en lui racontant une nouvelle variante, pour ainsi dire mieux adaptée au flirt, de sa légende : il était né en Italie, ses parents avaient été arrêtés là-bas... Ellen ne pouvait certes pas vérifier l'italien de Konrad, mais elle n'en croyait pas un mot. Pour lui prouver qu'il n'avait pas besoin de se dissimuler devant elle, elle lui avoua qu'elle était d'ascendance juive. A ce moment-là, déclare Ellen, elle n'avait aucune idée de l'identité de Konrad.

L'invitation d'Ellen à la franchise ne provoqua chez Konrad qu'une vigilance accrue. Il lui vint soudain l'idée qu'Ellen pouvait être placée comme espionne auprès de lui et qu'elle voulait, en prétextant un destin semblable, le pousser à parler.

Il ne fut pas facile à Ellen et Konrad de communiquer ; les règles de la survie en clandestinité, péniblement apprises, interdisaient à Konrad de céder à ses sentiments pour Ellen.

Le temps ne les aidait pas non plus. Ils effectuèrent tous les deux la traversée de Helgoland en pleine tempête, abrités sous une bâche, dans une chaise longue sur le pont. La forte houle et le tumulte de leur estomac ne leur permit pratiquement pas d'autre témoignage de leur affection que de trébucher, main dans la main, jusqu'au bastingage et de vomir ensemble. Pendant les courtes pauses qui précédaient la crise suivante, ils regardaient la mer démontée et cherchaient à l'horizon le vaisseau de guerre qui devait les accompagner à Helgoland. Bodo Bronsky n'avait-il pas assuré que la traversée de la troupe serait protégée par un navire militaire jusqu'au lieu de l'accostage? Alors, ce devait être un sous-marin.

A Helgoland, tout se déroula comme sur un paquebot de luxe. Une fois à l'intérieur de la forteresse, on pouvait se sentir complètement en sécurité. Un trafic frauduleux très actif veillait à ce qu'il y eût sur l'île tout ce que l'on désirait boire ou manger, et dont était privé le reste du Reich. Dès son arrivée, la troupe fut régalée de homard; le directeur Bronsky, expérimenté dans cette spécialité, initia Ellen et Konrad à l'art de manier la pince à homard. Tandis qu'ils étaient occupés à faire craquer la cuirasse rouge, un officier s'approcha de leur table, fit le salut hitlérien. « Undeutsch[1] », se présenta-t-il à Ellen, et il poursuivit, transperçant Konrad de son regard : « Le jeune homme à votre table semble étonnamment juif ! » Ellen éclata d'un rire cordial, Konrad, après une seconde d'épouvante, fit chorus. Qu'est-ce qui était préférable, demanda Ellen : avoir l'air *undeutsch* ou s'appeler Undeutsch ? Et si l'on échangeait : le nom contre l'apparence ? M. Undeutsch décampa. Ce qui aida Ellen à lancer sa riposte, explique-t-elle aujourd'hui, c'était son ignorance totale de la situation réelle. Car elle ne savait toujours pas à quel point les soupçons de M. Undeutsch étaient fondés. Et Konrad se garda de l'en avertir.

Quand ils furent revenus à Hambourg, Konrad et Ellen organisèrent au Reichshof un repas de fête, qu'après coup Ellen appela la « fête de leurs fiançailles ». Ils avaient rapporté de Helgoland une boîte de sardines. Ils remirent ce rare article de luxe au maître d'hôtel. Celui-ci fit ouvrir la boîte, et la servit couchée sur la glace et sur un plateau d'argent. La maison avait offert les deux toasts qui accompagnaient les sardines.

Des semaines plus tard, à Mölln, la ville de

1. « Non allemand ».

Till l'Espiègle, une intrigue mortellement dangereuse contraignit Konrad à se dévoiler à Ellen. Ellen lui raconta que la soprano et membre du parti Peggy Dünkler s'était exprimée plusieurs fois avec mépris, en l'absence de Konrad, sur « le jeune juif Bauer », qui n'avait ni tickets d'alimentation, ni papiers. Auprès des autres membres de la troupe, ses coups d'épingle n'avaient pas soulevé de protestation.

Lors d'une promenade qui dura toute la nuit autour de la cathédrale de Mölln, les deux jeunes gens se demandèrent ce qu'il fallait faire. Ils en vinrent à la conclusion qu'il n'y avait qu'une issue pour Konrad : l'attaque frontale.

Le lendemain matin, Konrad se plaignit auprès du directeur Bronsky du « soupçon monstrueux » dont il était victime. Bronsky sembla ne pas s'intéresser particulièrement à l'affaire. En homme de théâtre, répondit-il, Konrad devait bien savoir que dans une troupe on potinait et calomniait constamment, il valait mieux ignorer le tout. Konrad ne se laissa pas déconcerter. Il exigea des excuses publiques de Dünkler devant la troupe rassemblée. De mauvais gré, Bronsky réunit son monde

« Le pire », explique rétrospectivement Konrad, « c'est que j'étais dans un état épouvantable. Je pesais quarante kilos, j'avais à peine dormi, je fumais des cigarettes à la chaîne, ma voix tremblait, je n'étais pas le moins du monde dans la disposition où l'on réussit une scène. »

Devant la troupe au complet, Konrad demanda des comptes à Dünkler et lui ordonna de répéter devant toutes les oreilles la calomnie qu'elle répandait depuis des semaines derrière son dos.

« J'entends dire que vous prétendez que je suis juif », lança-t-il avec un tremblement audible dans la voix, « c'est monstrueux. On peut me reprocher bien des choses, je peux aussi encaisser bien des coups, mais non laisser dire que je suis juif ! J'exige que vous vous rétractiez sur-le-champ ! »

La plupart des membres regardaient à terre, consternés, quelques-uns lançaient des regards indignés sur la Dünkler qui se sentait visiblement débordée. Konrad devait montrer ses papiers, émit finalement la chanteuse, c'était ainsi que les malentendus se dissiperaient le mieux.

En cet instant, Konrad se décida à risquer le tout pour le tout. La phrase qui jaillit de lui dans un réflexe de détresse, il ne l'avait pas préparée.

« Je suis votre supérieur et je n'ai pas à justifier de mon identité devant vous », assena-t-il à la délatrice. « Mais nous pouvons aller immédiatement à la Gestapo et éclaircir l'affaire. Toutefois », poursuivit Konrad en regardant fermement l'assemblée, « vous allez avoir des difficultés. Naturellement, vous supporterez les conséquences que cette calomnie entraînera inévitablement à sa suite ! »

L'audacieuse contre-attaque fonctionna. Personne ne fit mine de suivre Konrad, visiblement prêt à se mettre en route vers la Gestapo de Mölln. Bronsky, désireux de régler au plus vite cette querelle, fixait sur la Dünkler un regard qui la sommait de parler. Elle cherchait maintenant une issue ; tout cela n'était que rumeurs infondées, elle n'avait jamais prétendu en ces termes que Konrad était juif. La troupe réfuta sur-le-champ ce mensonge grossier, avec des protestations et des éclats de rire railleurs. Soudain, ils éprouvèrent tous un malaise à l'idée d'avoir supporté si longtemps les diffamations de la Dünkler. Bronsky voulait donner un simple avertissement à la Dünkler et disperser l'assemblée, mais Konrad ne se déclara pas satisfait. Il exigea des excuses devant la troupe réunie, et la Dünkler s'exécuta à la fin.

Après cette scène, l'autorité du *Volksgenosse* Konrad sur la tournée théâtrale ne fut plus remise en question. Son ennemie quitta la troupe une semaine plus tard, prétextant des « troubles cardiaques ». La seule victime de cette confrontation fut Ellen. Konrad ne put ôter à l'intendant la conviction que celle qui avait rapporté ces rumeurs à Konrad était responsable de toute l'affaire. Ellen fut congédiée sans préavis pour « manque de camaraderie » et « trouble de la paix du travail ». Munie d'un « ordre de marche » du poste compétent de la Wehrmacht, elle repartit pour Bad Homburg. Les semaines suivantes, Ellen et Konrad ne purent communiquer que par lettre ou par téléphone.

Konrad resta à son poste jusqu'au 1er septembre 1944. Ce jour-là, Goebbels, au nom de la « guerre totale » qu'il avait proclamée au Palais des sports de Berlin, fit fermer tous les théâtres.

Ainsi Konrad perdit-il le camouflage presque parfait que lui avait offert sa place de chef d'orchestre, après sa querelle, victorieusement surmontée, avec Mme Dünkler. Soudain, tout lui manqua de nouveau : abri, vivres, carte d'identité, papiers autorisant à voyager.

Ce fut une fois encore Harald Poelchau qui, du lointain Berlin, l'aida. Le 17 septembre 1944, il envoya à Konrad un télégramme ainsi rédigé : « Retour exigé le 18 septembre. Opéra national de Berlin. Müller. »

« C'était une de ces aides génialement simples et efficaces », remarque aujourd'hui Konrad, « que l'on aurait souhaitées plus souvent en ce temps-là. »

Le « télégramme de l'Opéra » procura à Konrad, en même temps qu'un « certificat pour l'utilisation des chemins de fer » que Poelchau lui envoya ensuite, la possibilité de se rendre en train à Berlin et de se justifier lors des contrôles de la police militaire. Des mois plus tard, Harold Poelchau adressa encore à Konrad un document, falsifié de sa main, à Bad Homburg : un certificat du *Volkssturm*[1], document d'une extrême valeur. Il prouvait, en cas de contrôle, que Konrad Bauer avait déjà été incorporé dans le *Volkssturm*.

Pendant les derniers mois de la guerre, les dirigeants nazis firent ramasser dans la rue tous les hommes de seize à soixante ans et les envoyèrent au front. Personne, pas même un infirme ou un malade, ne put échapper aux sbi-

1. Le 25 septembre 1944, Hitler décréta la mobilisation de tous les hommes de 16 à 60 ans qui n'avaient pas encore été enrôlés dans la Wehrmacht. Le *Volkssturm* (« tempête du peuple ») devait défendre le territoire même du Reich, et subit d'énormes pertes.

res chargés de recruter le dernier carré des défenseurs.

Plus tard seulement, Konrad apprit de quelle manière Poelchau était entré en possession de ce formulaire en blanc.

Quand, après une attaque aérienne, on avait fait appel à Poelchau pour effectuer des travaux de déblaiement dans la rue, il découvrit que la porte d'entrée et les fenêtres d'un bureau où devaient se présenter les hommes mobilisables, étaient détruites. Le pasteur eut la présence d'esprit de pénétrer avec son balai dans les pièces vides, il s'empara de formulaires et de tampons épars sur les tables, les fourra dans ses poches et continua à balayer la rue.

Il avait ensuite rempli l'un des certificats en blanc en y inscrivant le nom de Konrad, ou plutôt du « *Ortsgruppenleiter* (chef de la section locale) Graner », et appliqué sur le papier le cachet de la section de la Hohenstaufenplatz, qui à vrai dire n'avait rien à faire sur ce document.

Konrad renonça ensuite à se rendre à Berlin. Il décida de partir pour Bad Homburg, rejoindre sa bien-aimée.

Gerda Brockmann n'était nullement opposée à ce que sa fille donne abri à un juif, bien au contraire. A peine eut-elle appris l'origine de

Konrad qu'elle sortit de son secrétaire un document prouvant qu'elle avait elle aussi des ascendants juifs. Elle n'était pas seulement une adversaire des nazis, mais aussi une romantique, qui acceptait et soutenait sentimentalement l'amour de sa fille pour un « illégal ». Toutefois, elle refusait tout à fait de voir sa fille vivre en intimité dans sa maison avec ce même « illégal ». Il ne servait à rien qu'Ellen présentât Konrad comme son fiancé à sa mère et à tous leurs amis et connaissances.

La maison était occupée par des réfugiés venus de l'Est. L'espace qui restait à Gerda Brockmann et sa fille était réduit à trois pièces. Konrad et Ellen avaient leur chambre à gauche et à droite de la salle de séjour. La mère d'Ellen dormit dans cette pièce centrale, sur une chaise longue, afin de veiller sur l'honneur de sa fille.

Arriva ce qui devait arriver : le couple fut surpris en flagrant délit, et l'attentat aux bonnes mœurs promptement châtié, d'une autre manière, toutefois, que d'autres parents allemands l'auraient fait. Ce ne fut pas Konrad, en effet, mais Ellen la « déshonorée », qui quitta la maison maternelle. Pour la seconde fois depuis qu'ils avaient fait connaissance, c'est Ellen qui dut partir après que Konrad eut fait scandale ; Konrad, lui, eut le droit de rester.

Ellen s'inscrivit à la Croix-Rouge et suivit en deux semaines une formation rapide d'infirmière. Elle passait les nuits hébergée chez différents amis. A Konrad, en revanche, était réservée la protection résolue de la maîtresse de maison. Un jour, Gerda Brockmann l'amena à un abattage clandestin à Hamm (Westphalie). Elle fut arrêtée avec son protégé et conduite au commissariat de police. A l'instant où c'était le tour de Konrad de présenter sa carte d'identité, le chef de la police, un bon ami de la famille, entra dans la salle par hasard et en criant : « On n'arrête pas une Brockmann ! » ordonna la libération immédiate des deux captifs.

« Sans ce hasard incompréhensible », pense Konrad, « je ne pourrais pas raconter mon histoire. »

Après quelques semaines, la mère d'Ellen se lassa de l'ascèse qu'elle avait ordonnée et ouvrit de nouveau sa maison à sa fille.

A Bad Homburg aussi, il y avait des églises et la pénurie habituelle d'organistes. Konrad se retrouva bientôt sur un banc d'orgue, cette fois dans l'Erlöserkirche, où il dirigeait le chœur et un petit orchestre. Grâce aussi à la solidarité, constante en temps de guerre, entre amis de la musique classique, il fut le bienvenu aux soirées musicales du baron von W., dans le salon duquel on cultivait un esprit de résistance aussi romantique qu'inactif. Après les concerts, on restait tous ensemble, on écoutait la radio anglaise et on exprimait son horreur du régime nazi. A l'une de ces occasions, Konrad raconta ce qu'il avait entendu dire par un médecin, un officier SS, le Pr Wilhelm Thomsen, qui jouait de la flûte dans l'orchestre. « Savez-vous, monsieur Bauer », lui avait un jour confié le professeur au moment du thé, « on peut penser des juifs ce que l'on veut. Tout ce que je peux vous dire, c'est que je ne pourrais jamais m'asseoir à la même table qu'un de ces individus. Je ne supporte tout simplement pas leur puanteur ! »

Von W. ne cacha pas sa consternation devant cette histoire. N'est-ce pas terrible, demanda-t-il au petit groupe. On sait bien que des milliers d'hommes risquent leur vie dans la résistance partout dans le Reich ! Mais ici, dans ce Bad Homburg somnolent, qui s'appelle avec raison *vor der Höhe*[1], on n'a aucune espèce de relation avec ces gens !

La phrase électrisa Konrad et Ellen. Ils avaient entendu dire que von W. occupait dans

1. Bad Homburg vor der Höhe (« devant la montagne ») est située au pied du massif du Taun.

la Wehrmacht le poste d'officier payeur et que cette fonction lui donnait aussi la compétence de délivrer des livrets militaires. Aucun papier n'était plus utile et plus irremplaçable pour Konrad qu'un livret militaire en règle.

Pendant une nuit d'insomnie, ils évaluèrent tous les deux les risques. Le lendemain matin, Konrad téléphona à von W. et lui demanda un entretien en tête à tête. Celui-ci le reçut le jour même. Konrad lui rappela sa phrase de la veille, qui les avait secoués, et lui avoua qu'il était juif et vivait illégalement à Bad Homburg. Ici et maintenant, von W. pouvait donner un signe fort de son alliance intérieure avec la résistance, en pourvoyant Konrad d'un livret militaire !

Von W., devant cette exigence, manifesta un trouble profond. Il voulut plusieurs fois dire quelque chose, mais ne trouva pas les mots. Il devait laisser l'affaire mûrir dans sa tête, dit-il enfin, que Konrad vienne le chercher à son bureau le surlendemain à midi.

Une demi-heure avant l'heure fixée, Konrad attendait à l'endroit convenu, devant l'immeuble. Midi sonna, midi et demi, une heure ; des hommes de la Wehrmacht allaient et venaient. Finalement, vers une heure et demie, von W. apparut à la porte, prêt à partir et n'espérant visiblement plus trouver encore Konrad. Aussi ne dissimula-t-il pas sa mauvaise humeur quand Konrad se mit à marcher à côté de lui et lui adressa la parole. Von W. accéléra le pas. Un moment, les deux hommes marchèrent côte à côte, von W. en grande hâte, comme s'il avait eu l'intention d'échapper à Konrad. Finalement, quand ils furent presque arrivés chez von W., le baron s'arrêta tout à coup et prononça à grand-peine une phrase qu'il avait vraisemblablement limée tout le long du chemin. Une formulation compliquée et étrange, qui sur le moment parut à Konrad un exemple typique de l'irréalisme allemand : « Même si je voulais accéder à votre demande – ce que je ne voudrais en aucun cas avoir dit ici –, je ne pourrais pas y répondre, parce que du point de vue technique je n'en ai pas la moindre possibilité. »

Konrad se hâta d'assurer von W. de sa compréhension ; en même temps, il l'adjura de ne livrer son secret à personne, pas même à sa femme. Lui, Konrad, il était maintenant dans la main de von W., le plus petit indice pouvait l'anéantir. Von W. hésita, sembla réfléchir ; le désespoir avec lequel Konrad lui avait demandé le secret sembla l'impressionner. Brusquement, le baron lui tendit la main et l'assura de son silence.

Les jours suivants, von W. et Konrad observèrent une certaine distance l'un envers l'autre. Il n'y eut plus d'autres invitations aux soirées musicales de la maison. Un moment, les deux hommes s'évitèrent, avec la plus profonde méfiance. « Chacun de nous deux », raconte Konrad, « avait une peur terrible de l'autre. »

Konrad et Ellen découvrirent bientôt que von W. avait averti non seulement sa femme, mais tout le cercle. Toutefois, ils ne savaient pas exactement ce que leur mélomane avait raconté au sujet de Konrad. Quelques-uns de ceux qui se disaient jusqu'alors leurs amis les évitaient à présent. Ils y voyaient la preuve que von W. avait révélé l'identité juive de Konrad.

Ils ne se rencontrèrent de nouveau qu'après la fin de la guerre. Von W. dit à Konrad qu'il lui devait des excuses. En retrouvant Konrad dans la rue, il avait été réellement sur le point de se rendre à la Gestapo. Il avait alors été persuadé que Konrad ne pouvait être qu'un espion. L'histoire du juif clandestin, que Konrad lui avait racontée, lui avait semblé par trop invraisemblable. Un tel cas, avait-il cru, ne pouvait pas exister en Allemagne. Pensant avoir devant lui un provocateur envoyé pour épier ses opinions, il avait voulu, pour se protéger, porter plainte auprès de la Gestapo. Seule, l'insistance avec laquelle Konrad, devant la porte de sa maison, l'avait supplié de ne trahir en aucun cas son secret, l'avait ébranlé et arrêté sur le chemin de la Gestapo. Mais à partir de cette heure-là, lui, von W., s'était attendu tous les jours à être arrêté.

Alors seulement Konrad apprit que von W. avait de bonnes raisons d'avoir peur. Un frère de sa femme, adversaire des nazis, était dans le collimateur de la Gestapo et avait pu s'enfuir juste à temps en Afrique du Sud avant son arrestation. Depuis, les von W. devaient compter avec l'attention particulière de la police.

Peu avant la fin de la guerre, en prenant le thé à Bad Homburg chez l'altiste de leur cercle de musique, le Pr Willy Hartner, Konrad – inconsciemment – avait dissipé les soupçons de ses amis. Comme par hasard, le savant qui enseignait à l'université de Francfort l'histoire des sciences naturelles l'avait invité chez lui et lui avait montré sa bibliothèque. Parmi les innombrables livres, quelques volumes du philosophe juif Rabbi Moïse ben Maimon (Maïmonide) excitèrent la curiosité de Konrad. « Vous avez une édition complète de Rambam ! » échappa-t-il à Konrad tandis qu'il prenait en main l'un des volumes et le feuilletait. Le professeur se montra fortement impressionné par cette exclamation. Sans le vouloir, Konrad avait passé victorieusement une épreuve. Car on n'enseignait que dans les écoles juives, le professeur le savait, l'œuvre de l'important savant et médecin juif du XIIe siècle ; seuls, les élèves juifs connaissaient sous l'abréviation de « Rambam » cet auteur au nom compliqué.

Ainsi, le cours accéléré d'histoire de la culture juive, que les nazis avaient forcé Konrad à suivre en le transférant dans l'école juive de Breslau, avait soudain tourné en sa faveur. Dans le monde à l'envers où vivait le cercle de Bad Homburg, la preuve de son identité juive ôta à Konrad l'odeur sulfureuse de l'espion nazi.

Quelques-uns de ses amis berlinois restèrent tout le temps en liaison avec lui. Parmi eux figuraient le gérant de la cantine des prisons de Tegel et de Plötzensee, Willi Kranz, et sa compagne Auguste Leissner. Aussi souvent qu'ils le pouvaient, ils envoyaient à leur protégé de Bad Homburg de petits paquets avec des vivres. A la fin de l'année 1944, Kranz écrivait : « ... Le paquet n'arrivera pas si on le recommande et nous espérons qu'il arrivera ainsi. Nous sommes tous désolés de ne pas avoir pu vous procurer ici un coin tranquille. Je vis tous les jours par la pensée votre vie et je suis affreusement accablé de voir que, dans le vaste monde, une petite âme ne trouverait pas de place, pis encore, que je ne peux moi-même pas faire grand-chose. Oui, le Bon Dieu "aide", mais pas comme nous le voulons. Nous devenons en attendant apathiques, paresseux en pensée, insensibles, idiots. Nous nous étiolons et dépérissons comme une primevère. Quand nous aurons tout, nous voudrons plus tard être portés en terre avec quatre chevaux, pourtant maintenant tout nous est égal. Je n'ai qu'une prière : sortir une bonne fois enfin de cette époque et être réuni à tout ceux qui me sont devenus chers ; vivrons-nous tous alors en amour ? C'est inimaginable. Cher Konrad, sois rusé comme un serpent, retiens ton venin. Maintenant, je vous souhaite bonne chance et je vous ferai bientôt parvenir de mes nouvelles. »

En cas de détresse absolue, le pasteur Harald Poelchau avait conseillé à Konrad de s'adresser à l'abbé catholique Karl Pehl, à la cathédrale de Francfort. Il suffisait de nommer Poelchau.

Konrad partit pour Francfort, se rendit à la cathédrale fortement endommagée, sur les ruines desquelles veillait l'abbé. Il lui transmit le salut de Poelchau. L'abbé ne posa pas de questions. En présence de Konrad, il téléphona à l'hôpital catholique de Köppern (au nord de

Bad Homburg) et demanda l'infirmière en chef Klara Trinkner. Avec une franchise étonnante, l'abbé annonça un patient du nom de Bauer, qui n'était pas malade et ne s'appelait pas Bauer, et devait immédiatement être hospitalisé pour une maladie difficile à diagnostiquer que l'infirmière devrait inventer.

Konrad partit aussitôt pour l'hôpital indiqué et fut subjugué par l'effet du bref appel de l'abbé : « Cela fonctionnait comme dans une communauté juive. Quand le rabbi dit quelque chose, son ordre a force de loi et c'est fait ! »

L'infirmière en chef lui montra son lit, lui annonça la maladie dont il souffrait, une maladie extrêmement douloureuse mais difficilement démontrable, des « névralgies intercostales », et elle lui administra une piqûre calmante. Quand il se réveilla, une histoire de maladie soigneusement élaborée était accrochée au pied de son lit.

Pendant une semaine, Konrad fut soigné à l'hôpital de Köppern, puis il le quitta. Sur le certificat de sortie, un Dr Grünbein signa que Konrad Bauer, admis le 26/2/45, « avait aujourd'hui quitté l'hôpial et était capable de travailler ». « Motif de la sortie : état de santé amélioré. »

Ce certificat était pour Konrad au moins aussi

important que le séjour de repos dans l'établissement ; car il lui donnait le droit, pour le temps de sa convalescence, à toucher des tickets d'alimentation. En cas de nécessité, le certificat pouvait aussi servir de carte d'identité, il prouvait que Konrad était un *Volksgenosse* normal qui venait d'être soigné dans un hôpital allemand.

Le 29 mars 1945, le vendredi saint, Bad Homburg fut occupée par les troupes américaines. Parmi ceux qui se sentirent effectivement « libérés » dès le premier jour de la libération, il y avait Konrad et Ellen. Pleins d'espoir, ils entendaient le tonnerre des canons de Francfort toute proche, et ils attendaient avec impatience que les troupes des libérateurs avancent enfin vers Bad Homburg. Mais elles ne semblaient pas s'intéresser à la petite ville. Personne à Bad Homburg ne pouvait deviner que cette station thermale justement avait été choisie comme quartier général de Dwight D. Eisenhower et que pour cette raison elle ne devait être ni bombardée, ni prise sous les tirs.

Quatre jours plus tard, Konrad vit devant le château un tank américain tout seul. De la tourelle, un soldat noir regardait et jetait des cigarettes aux vaincus.

Le jour même, Konrad adressa la parole à

l'un des libérateurs, vraisemblablement un simple soldat ; il ne savait pas distinguer les grades américains.

« Il faut connaître les langues étrangères », dit Konrad, un éclair ironique dans les yeux. « "Sir", ai-je dit, "my name is Konrad Latte and my wife becomes a baby." Il put me suivre jusque-là. Mais quand je lui ai ensuite expliqué que j'étais juif, c'en fut fini de mon anglais et de sa compréhension. »

Le soldat amena Konrad à son supérieur, un capitaine qui portait une croix sur son casque. Avec l'aide d'un interprète, Konrad raconta son histoire et fit la même expérience qu'avec von W. : personne ne le crut. Et comme avec le Pr Hartner, il dut se soumettre à un test – cette fois, il est vrai, non au cours d'un thé à Bad Homburg, mais un vendredi soir lors d'un service religieux juif de la US-Army. « Un mensonge n'était pas possible ici », déclare Konrad, « on avait appris le déroulement de l'office, ou non. »

De fait, l'ensemble de la liturgie lui était familier, il pouvait réciter par cœur la plupart des prières, « comme un perroquet », dit Konrad, car en vérité il n'en comprenait pas un mot, mais il savait exactement quand on devait dire à haute et intelligible voix « Omen ». Il devait ces connaissances au fait que la synagogue de Breslau était devenue l'ultime refuge du musicien mourant de faim, après qu'il eut été expulsé des théâtres, opéras et concerts.

Sans doute parce qu'ils lui voulaient du bien, les Américains l'invitèrent à jouer pour eux dans un café. Les honoraires consistaient en ravitaillement. Inquiet, Konrad se demanda quels morceaux de son répertoire il pourrait mettre à leur service. Il ne s'était jamais intéressé aux jazz, blues et airs américains à la mode. Le programme des tournées théâtrales – ouvertures de Wagner, airs de Lortzing, chansons « galvanisantes » – n'entraient pas en question. Il fouilla donc dans ses partitions d'opérettes et se mit au piano.

« Ce fut le pire échec de toute ma carrière », avoue Konrad.

Les airs de Lehar et Hollaender semblaient ne rien évoquer du tout à la mémoire des libérateurs. Le café était une sorte de cabaret, il n'y avait pas de podium. Constamment, tandis qu'il jouait, des gens entraient et sortaient, claquaient les portes, parlaient entre eux à voix haute ; Konrad s'arrêtait de jouer et recommençait du début. « Courage ! » lui cria quelqu'un dans le public, et lui fit ainsi complètement perdre le fil. Les spectateurs se montraient de plus en plus agités. « La *Sonate au clair de lune* ! » hurla un autre, peut-être pour tendre une dernière perche à Konrad. C'était un morceau où Konrad se sentait chez lui, et il le joua aussi douloureusement bien que jamais auparavant.

Il n'avait pas encore terminé l'adagio qu'il s'aperçut qu'il jouait devant des chaises vides.

En flânant dans Bad Homburg, Konrad et Ellen tombèrent par hasard sur le quartier général du haut commandement américain. Obéissant à une inspiration subite, ils se présentèrent à l'officier de service et déclarèrent : « We want to make hier high time ! – "High time", what is that ? » demanda l'homme, puis il éclata de rire quand il comprit que le jeune couple voulait se marier : ils avaient traduit littéralement le mot allemand *Hoch-zeit*, « haut temps ». Il leur accorda une dispense à la stricte interdiction de rassemblement. Konrad et Ellen eurent le droit de fêter leurs noces avec dix invités.

Pendant toute une semaine, ils parcoururent Bad Homburg à bicyclette, pour se procurer le minimum nécessaire au repas de noce. En tant qu'infirmière, Ellen connaissait des gens de milieux très différents, et plus d'un voulait se montrer reconnaissant. D'un paysan, elle reçut une bouteille de quatre litres de cidre, d'un autre un quart d'agneau, un jardinier appelé Todeskino, « cinéma de la mort », fournit les fleurs, un Américain donna à Konrad, malgré la *Sonate au clair de lune*, une demi-livre de café, et dans l'hôtel bombardé de la veuve Schnatz on put faire un peu de cuisine sur un fourneau à charbon.

En avril 1945, un jour avant Eva Braun et Adolf Hitler, Konrad et Ellen se marièrent sous le vrai nom de Konrad Latte. Lors de la fête, le Pr Hartner écrivit ses félicitations en caractères arabes, l'écriture de « Rambam », dans l'album des noces. Sur les affiches du premier concert que Konrad donna après la guerre à Bad Homburg, il était désigné par son nom de transition : Latte-Bauer. Jusqu'alors, on ne connaissait le chef d'orchestre que sous son faux nom.

Rester là ou émigrer ?

L'espoir de Konrad, que l'Orchestre Philharmonique de Berlin ou quelque autre digne ensemble prierait sans délai l'élève de Borchard de monter au pupitre, ne se réalisa pas. Pendant l'été 1945, Konrad dut quitter Bad Homburg avec sa femme enceinte : le futur maire de la ville, le Dr G. Eberlein, avait vu sa maison de Francfort détruite par les bombardements et avait fait valoir ses droits sur son domicile de Bad Homburg. Les deux jeunes gens allèrent se loger à Hamm, dans une maison de la mère d'Ellen. Pendant l'été 1945, Konrad fut convoqué par le bureau du travail de Hamm. En s'y rendant, Konrad tournait une phrase dans sa tête, la seule phrase, à son avis, que pourrait prononcer l'employé en l'accueillant : Monsieur Latte, enfin ! L'Orchestre Philharmonique de Berlin cherche un chef !

Au lieu de cela, l'agence lui assigna un emploi dans la mine. A l'objection de Konrad, qu'il n'était pas qualifié pour ce travail, l'employé répliqua que Konrad devait pourtant être heureux « d'être enfin admis de nouveau dans la communauté du peuple allemand ».

« Il n'avait pas de mauvaise intention », commente Konrad, « il croyait vraiment qu'il pouvait me consoler avec cette remarque. »

Bien plus irritantes furent d'autres expériences dans l'Allemagne d'après la guerre. Quelques personnes de sa connaissance, que Konrad avait tout récemment connues comme de fieffés nazis, se faisaient maintenant passer pour des opposants à Hitler et des sauveurs de juifs et désignaient Konrad comme témoin. L'un d'eux était l'officier SS et médecin militaire Thomsen, qui avait joué de la flûte à Bad Homburg sous la direction de Konrad. Dans le procès intenté à Thomsen par le ministère d'État de la Hesse, l'accusé prétendit qu'il connaissait la véritable identité de Konrad et son histoire et qu'il l'avait protégé de la persécution. Konrad ne se laissa pas émouvoir et rapporta au tribunal ce que Thomsen lui avait dit, lors d'un thé, à propos de la puanteur qui émanait des juifs.

En novembre 1945, naquit Gabriele. Konrad se trouvait maintenant devant l'obligation de nourrir une famille.

Les jeunes parents pensaient de plus en plus souvent à faire comme les sœurs Lasker et à quitter l'Allemagne pour toujours. Aucun de leurs amis juifs qui avaient survécu à l'Holocauste ne voulait revenir au pays des assassins, et moins encore y rester. Les lettres qu'ils recevaient des rescapés exprimaient toujours leur incompréhension devant l'hésitation des Latte. « Nous avons dû écouter nombre de bons conseils », se rappelle Konrad, « par exemple : "On ne reste pas dans un pays comme celui-là." Et nous disions, à eux et à nous : "Justement ici ! Parce que nous avons quand même connu des gens qui nous ont aidés au péril de leur vie, c'est justement pour cela que l'on reste ici !" Mais nous-mêmes, nous n'étions pas tout à fait convaincus. »

De fait, Konrad et Ellen ont alors sérieusement envisagé d'émigrer. Parmi ceux à qui s'adressa Konrad pour demander de l'aide, il y eut Thomas Mann. L'écrivain réagit rapidement. Dans une lettre du 23 mars 1948 adressée à la « Hebrew Sheltering & Immigration Aid Society » de New York, il écrivit :

« Dear Sir,

« May I bring to your attention a case which I think is worthy of your support.

« The person in question is a young Jew,

Konrad Latte, Berlin-Nikolassee, Spanische Allee 93. This young man [...] has suffered during the Nazi regime all kinds of persecution, was finally condemned to death and escaped through a miracle, whereas his parents died in Auschwitz. He gives me reliable proofs of his assertions, and his whole letter has impressed me among many others.[...] It is my belief that such young people as the Lattes, are the most suitable cases for immigation and that after all they went through they should be given particular consideration...

« Hoping to hear from you, I remain

« Sincerely yours

« Thomas Mann »

Peu après, ils furent convoqués par les autorités américaines au sujet de leur demande d'émigration aux États-Unis. Ils laissèrent traîner la procédure. « Nos sentiments étaient divisés », dit Konrad, « nous activions les formalités de l'émigration et nous espérions en même temps que pour une raison quelconque, ça ne marcherait pas. »

En 1946, il trouva une place de corépétiteur à l'Opéra de Düsseldorf; de 1947 à 1949, il exerça cette fonction à l'Opéra de Berlin et il fut ensuite premier chef d'orchestre dans différentes villes de la RDA nouvellement fondée.

Pendant tout ce temps, la famille garda son premier logement à Berlin.

Il fallut des années avant que lui soit reconnu le statut de persécuté par le régime nazi. Six ans après la fin de la guerre, dans un rapport d'examen préliminaire daté du 6 octobre 1951, le bureau de la circonscription de Zehlendorf (Berlin) aboutit à un résultat que l'on pourrait prendre pour l'invention d'un mauvais scénariste. Le requérant, était-il dit, « n'était pas demeuré fidèle à ses opinions (en tant qu'adversaire du régime, n. de l'auteur), car il s'est mis, sous une identité d'emprunt, au service du régime alors en vigueur et a pris part à des tournées théâtrales accompagnant la Wehrmacht. Il a ainsi enfreint le § 6 alinéa 6 de la loi de reconnaissance. On ne peut donner un avis favorable. »

Konrad avait encore à effectuer la démarche la plus difficile. Pendant sept ans, il avait repoussé le moment d'acquérir une certitude sur la mort de ses parents et de la faire officiellement constater. On lui fit savoir que pour les personnes assassinées à Auschwitz-Birkenau, aucun acte de décès ne pouvait être établi, il devait faire déclarer ses parents officiellement morts. Quand le document fut établi, le tribunal de Cotbus lui envoya le 23 mai 1952 une lettre avec mise en demeure. Konrad était sommé « concernant la déclaration de mort du Dr Manfred Latte... de payer immédiatement les frais à hauteur de 32 DM, faute de quoi la somme sera recouvrée par contrainte ».

Malgré ces impudences et d'autres encore, Konrad n'a jamais abandonné le but auquel il était demeuré fidèle pendant les années de persécution et d'illégalité. A lui tout seul, il entreprit, en 1953 à Berlin, de réunir son propre orchestre, qui devint plus tard le « Berliner Barock-Orchester ». Pour les premiers concerts de l'orchestre nouvellement créé, il dut aussi s'« inventer » une salle : ce fut l'Auditorium Maximum de la Freie Universität.

C'est là que l'entendit, au début des années soixante, l'auteur de ce livre, qui commençait alors ses études à Berlin.

« Mais huit ans plus tard », m'interrompit Konrad Latte, « vous étiez donc parmi ceux qui m'ont chassé de l'Université ?! »

La révolte de 68 ne laissa pas de place à l'orchestre baroque de Latte dans l'« Audimax » de la Freie Universität. La salle était couverte de slogans et on ne pouvait plus y jouer. Il déménagea avec son orchestre dans l'Académie des beaux-arts, et plus tard à la Philharmonie. Avec son programme baroque, il avait découvert une lacune dans le programme culturel berlinois; dès le premier jour, ses concerts eurent lieu à guichets fermés.

Pendant douze ans encore, Konrad resta au pupitre de la Philharmonie et, hautement vénéré et submergé d'applaudissements, il s'inclina pour la dernière fois devant son public durant l'été 1997.

Ce qui a détourné Konrad et Ellen d'émigrer hors d'Allemagne, ce fut leur affection pour les quelque cinquante « autres » Allemands qui les avaient aidés pendant deux ans, jour après jour, à échapper aux assassins nazis. Harald Poelchau, la première « logeuse » de Konrad, Ursula Meissner, et sa femme Ellen ont été décorés de la médaille israélienne des « Justes parmi les Nations ». Les « Justes », dans l'histoire de Konrad, n'étaient pas nombreux, mais il y en avait plus de trois. C'étaient des gens de toutes les couches de la société : petits propriétaires de jardins ouvriers ou artistes, concierges et infirmières ou chefs d'orchestre et écrivains célèbres, hommes d'Eglise et personnes de culture chrétienne ou athées. Aucun d'entre eux – à l'exception d'Ursula Reuber – n'a dû payer par la prison ou la mort leur geste secourable.

En comparaison avec le nombre de ceux qui ont été complices du crime ou l'ont laissé faire, il s'agit d'une troupe minuscule. Mais même s'ils n'avaient été que quarante, trente ou dix – leurs histoires méritent d'être questionnées par la postérité. Car à la fin, ce ne sont pas les combattants de la résistance, admirés à juste raison et prêts à mourir, qui décident si une société succombe ou résiste à une tentation totalitaire. Le succès d'une dictature, tout comme le succès de la résistance qui s'y oppose, dépend non de quelques « grands chefs », mais des vertus civiles des citoyens ordinaires.

Remerciements

Mon cher Konradin,

... ne vous dites pas que vous êtes venu vers moi les mains vides. Vous vivez, vous vous efforcez de traiter la vie et l'action comme un tout et de l'interpréter sérieusement. Et si vous avez réussi quelque chose, cela ne me concerne-t-il pas un peu moi aussi ? Ce que nous pouvons faire de bon les uns pour les autres, nous autres hommes, c'est très peu quand on l'exprime avec des mots, mais dans l'obscurité silencieuse c'est une force magnifique génératrice de confiance...

Gottfried von Einem, dans une lettre du 1er décembre 1944.

Raconter sa vie à un inconnu est une aventure à l'issue incertaine. Le risque augmente considérablement quand cet inconnu est un écrivain. Je remercie Konrad Latte pour sa confiance et pour l'humour avec lequel il a accepté de courir le risque. Je remercie Mme Ellen Latte pour l'exactitude et la patience qu'elle m'a témoignées en répondant à mes questions pas toujours faciles à supporter, en redressant des interprétations erronées et corrigeant mes nombreuses versions différentes, y compris la dernière. Je remercie la fille d'Ellen et de Konrad, Gabriele, pour les nombreuses précisions et indications supplémentaires qu'elle a tirées des archives constituées par elle en un travail de plusieurs années.

INDICATIONS BIOGRAPHIQUES APRÈS 1945

Raja Stern émigra aux États-Unis en passant par Vienne et ensuite au Mexique. Elle travailla comme infirmière et mourut en 1970.

Ernst Kloss – « Oncle » Ernst – se donna la mort en fuyant devant l'entrée des troupes de l'armée Rouge à Breslau.

Johannes Piersig quitta Leipzig (RDA) en 1958 pour aller vivre en RFA. Il devint cantor dans une communauté de Hambourg et mourut en 1998.

Anita Lasker épousa le pianiste Peter Wallfisch et devint membre fondateur de l'English Chamber Orchestra, qui atteignit une renommée mondiale sous la baguette de chefs d'orchestre comme Karl Richter et Daniel Barenboïm. Elle appartient aujourd'hui encore à l'ensemble et vit à Londres.

Renate Lasker travailla comme secrétaire et speakerine au département allemand de la BBC, où elle produisit plus tard son propre programme. Elle épousa le journaliste Klaus Harpprecht. Après un long séjour aux États-Unis, en partie aussi en Allemagne, où elle produisit des films de télévision, écrivit des articles et un roman, elle vit depuis 1982 avec son mari dans le midi de la France.

Ruth Krumme fut assassinée à Auschwitz.

Walter Krumme survécut à Auschwitz et fut honoré dès 1964 à Yad Vachem. Il alla à Munich et travailla dans l'administration bavaroise. En 1972, quand il mourut, il était président de la *Arbeitsgemeinschaft Bayerischer Verfolgtenorganisationen*, « Groupe de travail des organisations bavaroises des persécutés ». Il avait été entre autres décoré de la croix du Mérite de la République fédérale.

Le pasteur Joachim Konrath s'installa en 1945 en RFA et exerça son ministère à Münster (Westphalie).

Ursula Teichmann recueillit après la guerre des enfants de réfugiés qui avaient perdu leurs parents, et leur donna un nouveau foyer dans le domaine de Pentin, qui avait été pillé. Peu avant l'édification du Mur, elle partit pour Berlin-Ouest avec dix petits enfants. L'Eglise blâma Mme Teichmann parce qu'elle avait décidé seule du destin de ses protégés sans prendre conseil de l'Eglise ou des offices compétents. On lui retira la garde des enfants. Ensuite, elle travailla comme assistante sociale au Luisenstift, un internat pour jeunes filles. Plus tard, elle alla rejoindre sa fille Ulrike en RFA et mourut en 1970.

Curt et Gertrud Weiss émigrèrent après 1945 aux États-Unis. Gertrud mourut en 1991, Curt en 1994 à Saint Louis (Missouri).

Ursula Meissner joua après 1945 sous la direction de Fritz Wisten au Theater am Schiffbauerdamm. Elle est mariée avec Pierre Calogeras, ancien ambassadeur de Grèce à Bonn, et vit à Genève.

Harald Poelchau fonda en 1945, avec l'ancien membre du Cercle de Kreisau Eugen Gerstenmaier, l'Œuvre d'assistance de l'Église protestante de Stuttgart, et en fut le secrétaire général jusqu'en 1946. De 1946 à 1948 il fut conseiller pour les questions concernant les prisons auprès de la juridiction centrale de la zone d'occupation soviétique et enseigna à la faculté de droit de l'université Humboldt. De 1949 à 1951 il fut de nouveau aumônier de prison à Berlin-Tegel. De 1951 à 1972, il fut pasteur social de l'Eglise protestante régionale de Berlin-Brandebourg. En 1972, peu avant sa mort qui eut lieu en avril de la même année, il reçut de Yad Vachem la médaille des « Justes parmi les Nations » et on planta un arbre en son honneur. Les efforts d'Ellen Latte pour obtenir que soit édifié un mémorial à Harald Poelchau furent couronnés de succès en 1980 : la tombe de Poelchau au cimetière de Zehlendorf fut déclarée mémorial. En 1992, la Karl-Maron-Strasse à Berlin-Marzahn fut débaptisée et reçut le nom de Poelchaustrasse, et la gare de la S-Bahn Karl-Maron-Strasse porte elle aussi le nom de station Poelchaustrasse.

Dorothee Poelchau mourut de leucémie en 1976. A l'hôpital, elle insista pour que l'on poursuive les transfusions jusqu'à ce qu'elle ait revu encore une fois tous ses amis.

Gertie Siemsen travailla en 1946 comme conseillère du système carcéral auprès du procureur général de la cour d'appel de Berlin, et dirigea à partir de 1953 la prison pour femmes du Tiergarten; elle rédigea de nombreux écrits sur la réforme de l'application des peines. Après avoir pris sa retraite, elle donna des cours de langues jusqu'à sa mort en 1988 et s'engagea dans l'organisation d'aide aux prisonniers Amnesty International.

Edwin Fischer poursuivit après la guerre sa carrière de pianiste, chef d'orchestre et pédagogue célébré dans le monde entier. Alfred Brendel et Daniel Barenboïm, entre autres, furent ses élèves. Il mourut en 1960 à Zurich.

Gottfried von Einem s'installa après la guerre à Salzbourg et outre son travail ininterrompu de compositeur, il exerça les fonctions de conseiller pour le festival de Salzbourg. Les créations de ses opéras et concertos furent dirigées par des chefs d'orchestre comme Ferenc Fricsay, Herbert von Karajan et Christoph von Dohnanyi. Après la mort de sa femme, il enseigna de 1963 à 1972 au conservatoire de Vienne. Il mourut en 1996 dans la Ramsau (Autriche), où il résidait à la fin.

Tatiana Gsovsky fut engagée après 1945 comme danseuse et maître de ballet à l'Opéra de Berlin. Plus tard, elle fonda sa propre école, d'où sortirent des danseuses et danseurs renommés. Elle mourut en 1993 à Berlin.

Ruth Andreas-Friedrich édita à Berlin la revue *Lilith* et alla vivre en 1950 à Munich. Là, elle écrivit des livres, en particulier sur Berlin, tel qu'elle le connut après 1945. En outre, elle composa de nombreux articles pour des journaux et des revues. Elle se donna la mort en 1977.

Karin Friedrich fut, après 1945, comédienne au théâtre Hebbel sous la direction de Karl Heinz Martin. Elle partit en 1950 pour Munich et travailla comme rédactrice à la *Süddeutsche Zeitung*. Aujourd'hui, elle milite pour la fondation de la Rose Blanche et pour le cercle d'aides *Miteinander leben – Pro Asyl* (« Vivre ensemble – pour le droit d'asile »).

Anne-Lise Harich partit en 1954 pour Berlin-Est et devint rédactrice à la revue *Theater der Zeit*. Elle mourut en 1975.

Ludwig Lichtwitz reprit après 1945 l'imprimerie Max Lichtwitz et la dirigea jusqu'à sa mort en 1961.

Willi Kranz dirigea après la guerre un parc à ferraille sous les arches de la S-Bahn et mourut en 1968.

Auguste Leissner est morte un peu plus tard, également à Berlin.

Oskar Kling fut mortellement atteint par des éclats d'obus le 30 avril 1945, alors qu'il se rendait chez Willi Kranz.

Erich Kästner fut président du PEN-Club en 1951 et reçut de nombreux prix littéraires. Il mourut en 1974 à Munich.

Ellen Latte changea d'orientation et apprit la comptabilité. De 1960 à 1997 elle dirigea le bureau de l'orchestre du Berliner Barock-Orchester. En outre, elle s'occupait des témoins qui déposaient aux procès intentés aux nazis à Berlin. Elle fut administratrice du bureau de soutien aux criminels en sursis et conseillère du district Zehlendorf, responsable en particulier des Gitans et les

Roms. En 1980, Ellen Latte reçut la médaille des « Justes parmi les Nations » et planta un arbre à Yad Vachem.

Le Pr Willy Hartner fonda à Francfort dès 1943 – malgré l'opposition du *Gauleiter* hostile à l'orientation politique de Hartner, mais avec le soutien actif du maire – l'Institut pour l'histoire des sciences naturelles, qui appartient aujourd'hui au département de physique de l'université Johann Wolfgang-Goethe de Francfort.

Karl Pehl est prêtre à la retraite dans l'oratoire de saint Philippe Neri à Francfort.

Gabriele Latte ouvrit pour la première fois à l'âge de cinquante ans la commode qui contenait les papiers de son père, afin d'y rechercher des documents utiles qui prendraient place dans les archives du mémorial de la résistance allemande. Ses parents ne se sentaient pas capables de remuer ces souvenirs. Elle a classé chronologiquement et archivé les témoignages de deux décennies et c'est seulement en effectuant ce travail qu'elle a compris ce qui était arrivé à sa famille.

NOTES

Page 8 : Peter Schneider, « The Good Germans », in *The New York Times Magazine*, 13/2/2000 ; un article sur le même sujet a paru dans le *Spiegel*, n° 42/2000.

Pages 10-11 : Inge Deutschkron, *Sie blieben im Schatten*, Berlin 1996.

Page 11 : Inge Deutschkron/Wolfgang Kolneder (éd.), *Daffke...! Die vier Leben der Inge Deutschkron*, Berlin 1994, p. 64.

Page 12 : Wolfgang Benz (éd.), *Die Juden in Deutschland 1933-1945*, Munich 1988, p. 666.

Page 13 : Nathan Stoltzfus, *Widerstand des Herzens. Der Aufstand der Berliner Frauen in der Rosenstrasse – 1943*, Munich 1999.

Page 15 : Hellmuth Karasek, *Billy Wilder. Eine Nahaufnahme*, Hambourg 1992, p. 72.

Page 17 : Ursula von Kardorff, *Berliner Aufzeichnungen*, Munich 2000.

Page 25 : Karin Friedrich, *Zeitfunken*, Munich 2000.

Page 59 : Anita Lasker-Wallfisch, *Ihr sollt die Wahrheit erben*, Bonn 1997, p. 52 ets.

Page 102 : Cité d'après Eva Fogelmann : *« Wir waren keine Helden »*, Francfort-sur-le-Main, New York 1995, p. 24.

Page 122 : Ruth Andreas-Friedrich, *Der Schattenmann*, Francfort-sur-le-Main 1986, p. 131.

Page 127 : Gerti Graff et al. (éd.), *Unterwegs zur mündigen Gemeinde*, Stuttgart 1982, pp. 90, 85 et 94.

Page 131 : Cité d'après Friedrich Saathen, *Einem-Chronik*, Cologne 1999, p. 234.

Page 135 : Matthias Strässner, *Der Dirigent Leo Borchard*, Berlin 1999, p. 234.

Page 139 : Ruth Andreas-Friedrich, *op. cit.*, p. 290.

Page 163 : Gottfried von Einem, *Ich hab' unendlich viel erlebt*, Vienne 1995, p. 101.

Page 209 : (n.d.t.) « Cher Monsieur, puis-je attirer votre attention sur un cas que je crois digne de votre soutien. La personne en question est un jeune juif, Konrad Latte, Berlin-Nikolassee, Spanische Allee 93. Ce jeune homme [...] a souffert pendant le régime nazi toutes sortes de persécutions, fut finalement condamné à mort et a pu s'évader par miracle, tandis que ses parents mouraient à Auschwitz. Il m'a donné des preuves fiables de ses assertions et sa lettre tout entière m'a impressionné parmi bien d'autres. [...] Je suis convaincu que de tels jeunes gens sont tout indiqués pour l'immigration, et qu'après tout ce qu'ils ont traversé, ils méritent une considération particulière... En attendant de vos nouvelles, je reste Sincèrement vôtre, Thomas Mann »

BIBLIOGRAPHIE

1. Andreas-Friedrich, Ruth, *Der Schattenmann*, journaux intimes 1938-1945, avec une postface de Jörg Drews, Francfort/Main 1986.
2. Benz, Wolfgang (éd.), *Die Juden in Deutschland 1933-1945. Leben unter nationalsozialistischer Herrschaft*, Munich 1988.
3. Deutschkron, Inge, *Sie blieben im Schatten. Ein Denkmal für « stille Helden »*, Berlin 1996.
4. Deutschkron, Inge/Kolneder, Wolfgang (éd.), *Daffke... ! Die vier Leben der Inge Deutschkron. 70 Jahre erlebte Politik*, Berlin 1994.
5. Einem, Gottfried von, *Ich hab' unendlich viel erlebt*, annoté par Manfred A. Schmid, Vienne 1995.
6. Folgeman, Eva, *« Wir waren keine Helden ». Lebensretter im Angesicht des Holocaust. Motive, Geschichten, Hintergründe*, Francfort/Main, New York 1995.
7. Friedrich, Karin, *Zeitfunken*. Biographie d'une famille, Munich 2000.
8. Graff, Gerti et al. (éd.), *Unterwegs zur mündigen Gemeinde. Die evangelische Kirche im Nationalsozialismus am Beispiel der Gemeinde Dahlem*, Images et textes d'une exposition au Centre de la Paix de la Maison Martin Niemöller, avec une préface de Kurt Scharf, Stuttgart 1982.
9. Karasek, Hellmuth, *Billy Wilder. Eine Nahaufnahme*, 2e édition, Hambourg 1992.
10. Kardorff, Ursula von, *Berliner Aufzeichnungen 1942 bis 1945*, d'après les journaux originaux, nouvelle édition et commentaires de Peter Hartl, 2e édition, Munich 1997.
11. Lasker-Wallfisch, Anita, *Ihr sollt die Wahrheit erben*, Bonn 1997.
12. Saathen, Friedrich, *Einem-Chronik*, Cologne 1982.
13. Strassner, Matthias, *Der Dirigent Leo Borchard. Eine unvollendete Karriere*, Berlin 1999.

TABLE

Cet ouvrage a été réalisé par

FIRMIN DIDOT

GROUPE CPI

Mesnil-sur-l'Estrée

pour le compte des Éditions Grasset
en mars 2002